pesquisa de mercado

O selo DIALÓGICA da Editora InterSaberes faz referência às publicações que privilegiam uma linguagem na qual o autor dialoga com o leitor por meio de recursos textuais e visuais, o que torna o conteúdo muito mais dinâmico. São livros que criam um ambiente de interação com o leitor – seu universo cultural, social e de elaboração de conhecimentos –, possibilitando um real processo de interlocução para que a comunicação se efetive.

pesquisa de mercado

Eliane Batista Mady

EDITORA intersaberes

Rua Clara Vendramin, 58
Mossunguê . CEP 81200-170 . Curitiba . PR . Brasil
Fone: (41) 2103-7306
www.intersaberes.com
editora@editoraintersaberes.com.br

Conselho editorial Dr. Ivo José Both (presidente); Dr.ª Elena Godoy; Dr. Nelson Luís Dias; Dr. Neri dos Santos; Dr. Ulf Gregor Baranow
Editor-chefe Lindsay Azambuja
Editor-assistente Ariadne Nunes Wenger
Preparação de originais Claudia Mara Ribas dos Santos
Capa – design Denis Kaio Tanaami; Mayra Yoshizawa
Capa – fotografia Fotolia
Projeto gráfico Bruno Palma e Silva

Dados Internacionais de Catalogação na Publicação (CIP)
(Câmara Brasileira do Livro, SP, Brasil)

Mady, Eliane Batista
  Pesquisa de mercado / Eliane Batista Mady.– Curitiba: InterSaberes, 2014. (Série Marketing Ponto a Ponto).

  Bibliografia.
  ISBN 978-85-8212-976-0

  1. Pesquisa de mercado I. Título. II. Série.

  14-01088   CDD-658.83

Índices para catálogo sistemático:
1. Pesquisa de mercado: Administração de empresas   658.83

1ª edição, 2014.
Foi feito o depósito legal.
Informamos que é de inteira responsabilidade da autora a emissão de conceitos.

Nenhuma parte desta publicação poderá ser reproduzida por qualquer meio ou forma sem a prévia autorização da Editora InterSaberes.

A violação dos direitos autorais é crime estabelecido na Lei n. 9.610/1998 e punido pelo art. 184 do Código Penal.

sumário

apresentação, 11

como aproveitar ao máximo este livro, 15

capítulo 1
História e conceitos
de pesquisa de mercado
19

Breve histórico da pesquisa de mercado no Brasil, 21

O que é pesquisa de mercado?, 23

Sistema de informação de marketing (SIM) e sistema de suporte às decisões (SSD), 33

Fornecedores e serviços de pesquisa de mercado, 39

capítulo 2
Definição de problema
e planejamento de pesquisa
55

Processos da pesquisa de mercado, 57

Etapa 1 – Formulação de um problema de pesquisa, 61

Etapa 2 – Planejamento da pesquisa, 69

capítulo 3
Pesquisa conclusiva
107

Dados primários quantitativos, 108

capítulo 4
Medição, escalonamento e instrumento de coleta de dados
143

Procedimentos de medição e escalonamento, 145

Mensuração de atitude, 153

Elaboração do instrumento de coleta de dados, 172

capítulo 5
Amostragem, coleta, preparação e análise de dados
209

Etapa 3 – Coleta de dados: especificação do processo de amostragem e do tamanho da amostra, 210

Etapa 4 – Preparação e análise dos dados, 243

capítulo 6
Apresentação dos resultados e ética em pesquisa
277

Etapa 5 – Apresentação dos resultados, 278

Ética na pesquisa de mercado, 304

para concluir..., 317
referências, 321
respostas, 325
sobre a autora, 331

A meus pais, Vicente e Helena (*in memoriam*). Em sua simplicidade, eles me ensinaram princípios extremamente valiosos, que me acompanharão pela vida toda.
A meu eterno namorado, Carlos, pelo carinho, pela compreensão e pelo apoio incondicional.
A meu filho, Mateus, a razão de tudo o que eu faço.

Agradeço imensamente à professora Vanessa Estela Kotovicz Rolon, que me confiou o desafio de produzir esta obra, e a meus alunos, que me ensinam e estimulam a ser uma pessoa e profissional melhor.

apresentação

O cenário de intensa competição criou não só clientes cada vez mais exigentes, mas também a crescente diversidade de produtos, serviços e mercados, que estão a cada dia mais maduros, mesmo que se expandam na mesma velocidade que no passado. Desse modo, desenvolver produtos e serviços que atendam às necessidades e aos desejos dos clientes é fundamental para que as empresas permaneçam no mercado.

Para conhecer tais necessidades e desejos e implementar estratégias que lhes atendam, os administradores necessitam de informações sobre os ambientes de marketing e, essencialmente, sobre seus clientes, pois, independente do tamanho da empresa, todas enfrentam o mesmo problema: a necessidade de informações.

Nesse contexto, surge a **pesquisa de mercado**, cujo papel é avaliar a necessidade de informações e fornecer às gerências aquelas que podem auxiliar na tomada de decisão. A pesquisa de mercado identifica, coleta, analisa e dissemina as informações de forma sistemática e objetiva.

Neste livro, apresentaremos, no primeiro capítulo, os principais conceitos de pesquisa, discutindo as razões pelas quais a empresa recorrem a ela, a natureza e a importância da pesquisa de mercado, bem como os tipos de fornecedores de serviços de pesquisas disponíveis para a realização dos projetos. Em seguida, no segundo capítulo, explicaremos como ocorre o processo de pesquisa de mercado, abordando também a maneira planejá-la, além dos tipos de pesquisa e das fontes de dados. Na sequência, discutiremos os métodos de coleta de dados que o pesquisador pode utilizar em um estudo, observando a diferença entre as pesquisas descritiva e casual. No quarto capítulo, veremos os processos de medição e escalonamento e a elaboração de um instrumento da coleta de dados. Seguidamente, no quinto capítulo, explicaremos sobre o processo de amostragem, a determinação do tamanho da amostra e a realização da coleta, da preparação e da análise de dados.

Para finalizar, no sexto e último capítulo apresentaremos a forma correta da apresentação dos resultados, discutindo também as questões éticas relacionadas à pesquisa de mercado, uma vez que a responsabilidade profissional do pesquisador envolve seus clientes e seus pesquisados.

Sendo assim, ele precisa se comprometer com altos padrões éticos para garantir que a sua função, bem como as informações coletadas, lhe garantam e mantenham sua boa reputação.

Após a leitura de cada capítulo e dos artigos indicados, pondere sobre os conceitos aprendidos. Aproveite os estudos de casos e as atividades sugeridas para aprofundar seus conhecimentos.

Bons estudos!

como aproveitar ao máximo este livro

Este livro traz alguns recursos que visam enriquecer o seu aprendizado, facilitar a compreensão dos conteúdos e tornar a leitura mais dinâmica. São ferramentas projetadas de acordo com a natureza dos temas que vamos examinar. Veja a seguir como esses recursos se encontram distribuídos no projeto gráfico da obra.

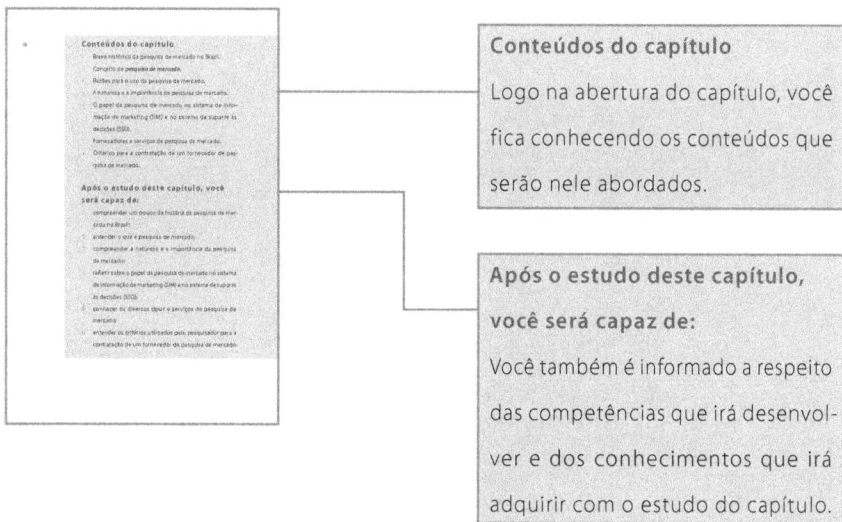

Conteúdos do capítulo
Logo na abertura do capítulo, você fica conhecendo os conteúdos que serão nele abordados.

Após o estudo deste capítulo, você será capaz de:
Você também é informado a respeito das competências que irá desenvolver e dos conhecimentos que irá adquirir com o estudo do capítulo.

Estudo de caso

Esta seção traz ao seu conhecimento situações que vão aproximar os conteúdos estudados de sua prática profissional.

Síntese

Você dispõe, ao final do capítulo, de uma síntese que traz os principais conceitos nele abordados.

Questões para revisão

Com estas atividades, você tem a possibilidade de rever os principais conceitos analisados. Ao final do livro, a autora disponibiliza as respostas às questões, a fim de que você possa verificar como está sua aprendizagem.

Para saber mais

Você pode consultar as obras indicadas nesta seção para aprofundar sua aprendizagem.

capítulo 1
história e conceitos de pesquisa de mercado

Conteúdos do capítulo

- Breve histórico da pesquisa de mercado no Brasil.
- Conceito de *pesquisa de mercado*.
- Razões para o uso da pesquisa de mercado.
- A natureza e a importância da pesquisa de mercado.
- O papel da pesquisa de mercado no sistema de informação de marketing (SIM) e no sistema de suporte às decisões (SSD).
- Fornecedores e serviços de pesquisa de mercado.
- Critérios para a contratação de um fornecedor de pesquisa de mercado.

Após o estudo deste capítulo, você será capaz de:

1. compreender um pouco da história da pesquisa de mercado no Brasil;
2. entender o que é pesquisa de mercado;
3. compreender a natureza e a importância da pesquisa de mercado;
4. refletir sobre o papel da pesquisa de mercado no sistema de informação de marketing (SIM) e no sistema de suporte às decisões (SSD);
5. conhecer os diversos tipos e serviços de pesquisa de mercado;
6. entender os critérios utilizados pelo pesquisador para a contratação de um fornecedor de pesquisa de mercado.

Neste capítulo, apresentaremos um breve histórico da pesquisa de mercado no Brasil, para, na sequência, discorrermos sobre o seu conceito e a sua importância na tomada de decisões. Em seguida, veremos o papel da pesquisa de mercado no sistema de informação de marketing (SIM) e no sistema de suporte a decisões (SSD) e, por fim, os principais tipos de serviços de pesquisa de mercado e os critérios para a contratação de um fornecedor desse tipo de serviço.

Breve histórico da pesquisa de mercado no Brasil

Os projetos de pesquisas de mercado começaram a surgiu no Brasil na década de 1930, por solicitação de algumas filiais de empresas americanas aqui estabelecidas: a N. W. Ayer & Son, importante agência de publicidade fundada na Filadélfia; a McCann Erickson, uma das principais agências de publicidade americanas; e duas indústrias de produtos de consumo – a Lever (atual Unilever) e a Sidney Ross Company (Eduardo, 2003).

Para tanto, essas empresas estudaram os hábitos e as preferências dos consumidores. O Departamento Nacional do Café (DNC), por sua vez, foi o patrocinador da primeira pesquisa de mercado brasileira – feita pela N. W. Ayer & Son – sobre os hábitos de consumo do produto. A necessidade da pesquisa surgiu devido ao impacto econômico sofrido pelo Brasil com a quebra da bolsa de valores de Nova Iorque, em 1929. Nessa época, o principal comprador do café brasileiro eram os Estados Unidos

> Nessa época, outras empresas americanas também estudaram os mercados consumidores, mas somente a Unilever e a Sidney Ross Company são fontes consideradas pioneiras da pesquisa de mercado no país.

> O DNC foi extinto em 1946. Em 1952, foi criado o Instituto Brasileiro do Café (IBC), órgão que definiu as diretrizes da política cafeeira até sua extinção, em 1989. Em 1996, o Governo Federal criou o Conselho Deliberativo da Política do Café (CDPC), vinculado ao Ministério da Cultura, Pecuária e Abastecimento (Mapa), atual órgão responsável por dirigir a política cafeeira do Brasil (CNC, 2013).

(EUA), mas, devido a essa crise, ocorreram drásticas quedas na exportação, no consumo interno e no preço do café. Para amenizar o problema de desvalorização do produto, o governo brasileiro comprava o café dos fazendeiros e comerciantes e o queimava em grande quantidade.

Nesse contexto, como havia a necessidade de aumentar o consumo de café no mercado interno, era necessário investir em uma grande campanha publicitária. A agência N. W. Ayer & Son, então, foi contratada com essa finalidade, ainda que antes fosse necessária uma pesquisa de mercado sobre o café para entender a extensão e as razões da redução do consumo. Aparentemente, essa foi uma pesquisa de grande porte, mas não se sabe ao certo o local em que os dados foram processados – na Filadélfia, onde ficava a matriz da empresa, ou aqui no Brasil, onde fora realizada a pesquisa (Eduardo, 2003).

De acordo com Eduardo (2003), sete anos depois, patrocinada pelo governo americano, ocorreu a primeira pesquisa nacional de opinião pública com dois objetivos: analisar as opiniões e as atitudes da população sobre a guerra que surgira na Europa, em 1939, bem como sobre as partes envolvidas e outras que poderiam se envolver no conflito; e determinar a penetração das emissoras internacionais de ondas curtas no país.

O estudo foi realizado com aproximadamente 2 mil pessoas em seis capitais, utilizando-se de uma amostra por cotas, com dados sobre sexo, idade, escolaridade e faixa de renda dos participantes. A pesquisa envolvia entrevistas pessoais, realizadas por meio da aplicação de um questionário que demorava aproximadamente 30 minutos para ser respondido. Os resultados foram processados e analisados nos EUA.

A criação do Instituto Brasileiro de Opinião Pública e Estatística (Ibope), em 1942, deu início à atividade sistemática da pesquisa de mercado e de opinião pública. O Ibope oferecia dois serviços aos clientes: o primeiro era um serviço permanente de controle de rádio em todas as horas do dia, medindo os índices de audiência de cada estação, e o segundo, um estudo de mercado chamado *Serviço X*.

Na década de 1950, três novos institutos foram criados: o Instituto de Pesquisa de Opinião de Mercado (Ipom), o Instituto de Estudos Sociais e Econômicos Ltda. (Inese) e o Marplan.

A princípio, os serviços de pesquisa de mercado no Brasil eram oferecidos e prestados quase exclusivamente pelos quatro institutos mencionados; mais tarde, porém, novos institutos surgiram. No entanto, apesar de ser um mercado crescente no Brasil, o serviço de estudo de mercado ainda está longe de adquirir a importância que tem nos EUA e na Europa (Mattar, 2012; Eduardo, 2003).

O que é pesquisa de mercado?

Vimos anteriormente que a necessidade de aumentar o consumo de café no mercado interno brasileiro desencadeou a realização de uma pesquisa cujo intuito era fornecer elementos que auxiliassem no planejamento de uma campanha publicitária para estimular o consumo do produto.

Independente do tamanho ou do tipo de produtos e serviços oferecidos, todas as empresas necessitam de informações que as auxiliem na tomada de decisões, e, para obtê-las, realizam as pesquisas de mercado.

Mas, afinal, o que é **pesquisa de mercado**? Para a American Marketing Association (AMA), citada por Aaker, Kumar e Day (2004, p. 27):

> *A pesquisa de marketing é a função que integra o consumidor, o cliente e o público ao profissional de marketing por meio de informação – informação usada para identificar e definir as oportunidades e os problemas de marketing, gerar, aperfeiçoar e avaliar as ações de marketing, monitorar o desempenho de marketing e facilitar o entendimento do marketing como um processo. A pesquisa de marketing especifica as informações necessárias para o atingimento desses aspectos, define os métodos para a coleta das informações, gerencia e implementa o processo de coleta, analisa e comunica as respostas e suas implicações.*

Malhotra (2011, p. 45), por sua vez, define *pesquisa de mercado* como "a identificação, coleta, análise e disseminação de informações de forma sistemática e objetiva e seu uso para assessorar a gerência na tomada de decisões relacionadas à identificação e solução de problema (e oportunidade) de marketing".

Observe que as definições apresentadas evidenciam que a pesquisa tem um papel fundamental, pois auxilia no processo de tomada de decisão. Sendo assim, é essencial que os profissionais de marketing disponham de informações, ou seja, de fatos e estatísticas, e não apenas dados.

Veja, no Quadro 1.1 a seguir, como ocorre o processamento dos dados para a coleta de informação e a diferença na utilização de ambos.

Quadro 1.1 – Diferença entre dados e informações

Dados	São as entradas do sistema de informações. Podem ser coletados nas mais diversas fontes possíveis, e da forma bruta como se apresentam e onde estão localizados não têm utilidade *per si*. Para se tornarem relevantes e úteis, é preciso que sejam transformados em informação, isto é, precisam ser coletados, classificados, tabulados, armazenados etc. Dados são, por exemplo, o número de pessoas que vivem em Curitiba, o preço médio de um imóvel e o total de vendas de uma loja.
Informações	São as saídas do sistema de informação. Consistem nos resultados do processamento dos dados, ou seja, dizem respeito a dados apresentados de forma que estes sejam úteis para a tomada de decisão.

Fonte: Adaptado de Churchill Junior; Peter, 2003, p. 117.

Geralmente, os dados são apresentados para demonstrar a presença ou a ausência de alguma tendência, relação ou padrão. Por exemplo, o diretor comercial da empresa Alfa poderia apresentar os dados sobre a quantia de produtos X, Y e Z vendidos por dia, por semana ou até por mês; já o diretor de marketing poderia utilizar esses dados para analisar a relação entre as vendas e uma determinada ação promocional realizada pelo departamento.

> É importante observar que a pesquisa de mercado é objetiva, uma vez que busca disponibilizar informações precisas as quais reflitam uma situação verdadeira. O pesquisador deve, portanto, isentar-se de inclinações pessoais ou políticas, realizando a pesquisa de forma imparcial (Malhotra, 2011).

Razões para o uso da pesquisa de mercado

Apenas a pesquisa de mercado não é garantia de sucesso. Revela-se fundamental, também, o uso inteligente dos resultados obtidos nas pesquisas realizadas pela empresa.

Cabe aos gestores o uso inteligente da pesquisa de mercado. Para que isso ocorra, é preciso, em primeiro lugar, entender as razões pelas quais as empresas realizam esse tipo de pesquisa. Para Malhotra (2011, p. 46), a pesquisa de mercado é realizada para **identificar** e **resolver** problemas de marketing.

Observe, na Figura 1.1, os tipos de pesquisas feitas para identificar problemas e para solucioná-los.

Figura 1.1 – Classificação da pesquisa de mercado

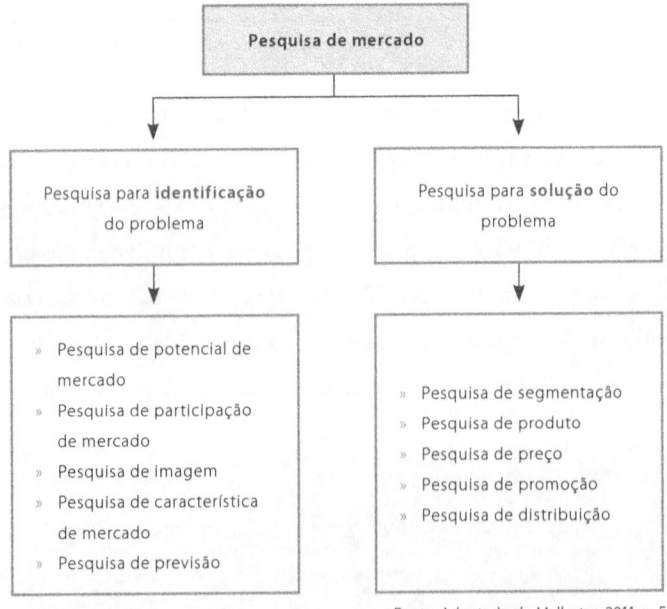

Fonte: Adaptado de Malhotra, 2011, p. 5.

Veja, a seguir, em quais ocasiões esses dois tipos de pesquisa costumam ser realizados.

Pesquisa para identificação de problema

Essa pesquisa é realizada para identificar os problemas existentes e futuros e, com isso, auxiliar os pesquisadores a fornecer informações sobre o ambiente de marketing e diagnosticar problemas relacionados a ele.

Por exemplo, uma empresa com potencial de mercado em declínio poderá enfrentar problemas para atingir suas metas. O reconhecimento de tendências econômicas, sociais ou culturais – como mudanças no comportamento do consumidor – poderá sinalizar problemas ou oportunidades subjacentes (Malhotra, 2011).

Pesquisa para solução de problemas

Conforme vimos, para determinar problemas existentes ou futuros, o pesquisador utiliza a pesquisa para identificação de problemas. No caso de haver a necessidade de resolver problemas específicos de marketing, o pesquisador deve recorrer à pesquisa para solução de problemas.

No Quadro 1.2, apresentamos os diferentes tipos de pesquisa para a solução de problemas. Nele, você poderá visualizar um resumo das situações em que cada tipo é recomendado.

Quadro 1.2 – Pesquisa para solução de problemas

Pesquisa de segmentação	Pesquisa de comunicação/propaganda
» Determina a base de segmentação. » Estabelece o potencial e a sensibilidade do mercado para vários segmentos. » Seleciona mercados-alvo e cria perfis de estilo de vida e características demográficas, de mídia e de imagem do produto.	» Afere o retorno de investimento em propaganda. » Relaciona as promoções de vendas. » Possibilita o *mix* de comunicação. » Testa previamente a propaganda (em *storyboard* ou *layout*). » Testa conceitos. » Avalia a eficácia da propaganda.
Pesquisa de produto	Pesquisa de distribuição
» Testa o conceito. » Determina o desenho ótimo do produto. » Testa embalagens. » Modifica o produto. » Posiciona e reposiciona a marca. » Testa as estratégias de marketing. » Controla os testes nas lojas.	» Determina o tipo de distribuição. » Avalia as atitudes dos membros dos canais. » Intensifica a cobertura atacadista e varejista. » Identifica as margens dos canais de distribuição. » Localiza as lojas varejistas e atacadistas.
Pesquisa de fixação de preço	
» Considera a importância de preço na seleção da marca. » Estabelece políticas de fixação de preço. » Fixa o preço da linha de produto. » Determina a elasticidade de preço da demanda. » Inicia e responde as mudanças de preços.	

Fonte: Adaptado de Malhotra, 2011, p. 47.

Muitas empresas utilizam essa pesquisa para a resolução de problemas específicos de marketing relacionados à segmentação, ao produto, ao preço, à promoção e à distribuição.

As pesquisas de mercado também podem auxiliar na resolução de determinadas questões. Veja alguns exemplos a seguir:

- **Ambiente de mercado** – De que outras formas nossos clientes podem satisfazer suas necessidades? Quais são as tendências econômicas para os próximos meses/anos? O comportamento dos nossos clientes está mudando? As exigências legais do nosso mercado estão se alterando ao longo do tempo? Há novas exigências legais em relação aos nossos produtos?
- **Perfil do público-alvo** – Pertencem a que faixa etária? Onde moram? Quanto recebem de salário? Exercem quais profissões? Quais seus hobbies? Têm filhos?
- **Canais de distribuição** – Onde devemos distribuir nossos produtos? Os canais de distribuição para nossos produtos e serviços estão mudando?
- **Produto** – Que produtos devemos disponibilizar no mercado? Qual é a embalagem mais adequada para eles?
- **Preço** – Que preço devemos cobrar pelo produto? Qual é a elasticidade dos preços dos nossos produtos? Como nossos clientes responderão às mudanças de preços dos nossos produtos? Que políticas de preços adotaremos? Qual é a importância do preço na seleção das marcas?
- **Promoção** – Quanto devemos investir em promoção? Que tipos de mídias devemos utilizar?
- **Controle** – Qual é a participação de mercado da empresa? Os clientes estão satisfeitos com nossos produtos e serviços? Como nosso serviço é avaliado? Como os clientes avaliam nossa marca?

A natureza e a importância da pesquisa de mercado

Suponhamos que você queira um celular novo. Certamente, antes comprá-lo, você fará uma pesquisa para conhecer, por exemplo, as características dos modelos, quais marcas de aparelhos estão disponíveis no mercado, os preços cobrados pelos varejistas, as condições de pagamento e o prazo de entrega. Em seguida, levando em consideração as informações obtidas, você poderá decidir qual modelo e marca comprar e saberá que varejista oferece melhor custo/benefício. Por outro lado, você pode entrar em uma loja qualquer e adquirir o primeiro celular que avistar, sem qualquer pesquisa anterior; contudo é muito provável que a falta de informações resulte em uma decisão errada.

De maneira semelhante, para que uma empresa defina quais são os seus objetivos e a maneira que almeja atingi-los, primeiramente deve conhecer seus pontos fortes e fracos, seus concorrentes e seus clientes. Assim, saberá quais são as chances de conquistar o que pretende.

Observe atentamente a Figura 1.2 para entender a natureza e a importância da pesquisa de mercado:

Figura 1.2 – O papel da pesquisa de mercado

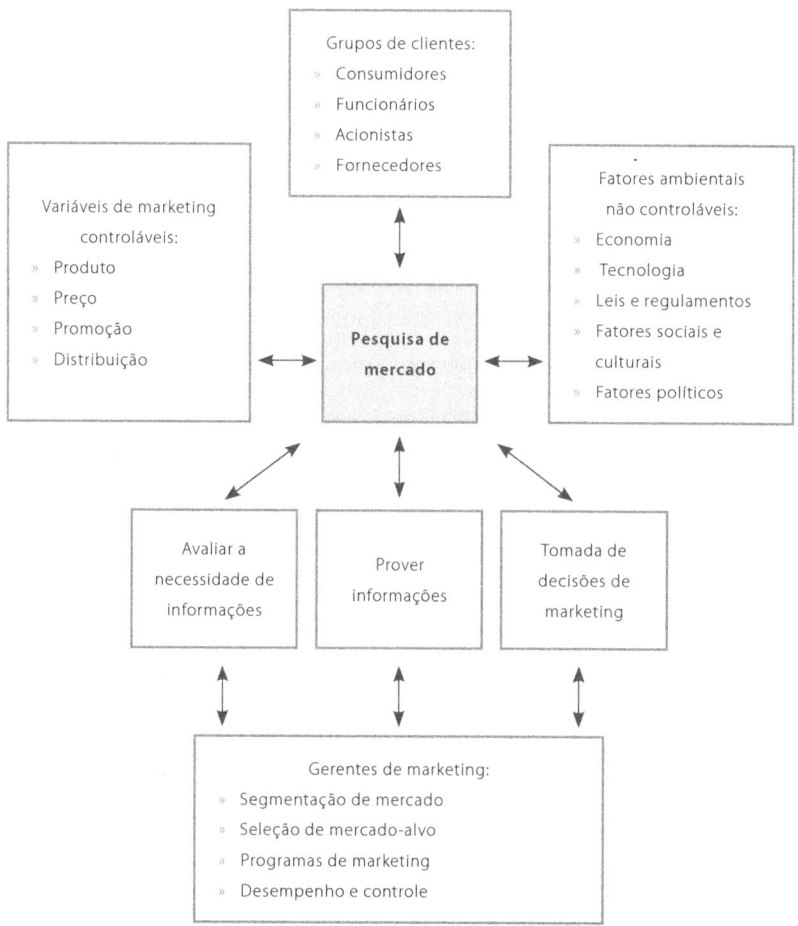

Fonte: Adaptado de Malhotra, 2011, p. 44.

O principal objetivo do marketing é identificar as necessidades do cliente e satisfazê-las. Nesse sentido, a Figura 1.2 mostra que, para conhecer essas necessidades e implementar estratégias de marketing que as satisfaçam, os gerentes de marketing precisam coletar informações sobre os fatores ambientais não controláveis, as variáveis controláveis de marketing e, principalmente, os clientes da empresa.

No entanto, os gestores, em geral, focam seus esforços nos 4 Ps – **produto** (ou serviço), **preço, praça e promoção** –, com o objetivo de desenvolver uma estratégia que combine esses elementos (*mix* de marketing) a fim de influenciar positivamente as percepções de valor e o comportameento dos clientes. Tal situação seria mais simples se não só todos os elementos que afetam essas questões ficassem sob o controle do gestor, mas também a reação do cliente à mudança pudesse ser prevista. Outros fatores, como concorrentes, fornecedores, agências governamentais e tendências econômicas, tecnológicas e sociais também afetam o sucesso do esforço de marketing.

Conforme mencionado, a maioria desses fatores, contudo, está fora do controle dos gerentes de marketing; consequentemente, esses profissionais precisam de informações para a tomada de decisão. Desse modo, cabe tradicionalmente à pesquisa de mercado fornecê-las, ou seja, ela é o vínculo formal da **comunicação da empresa com o ambiente** de mercado (Malhotra, 2011; Churchill Junior; Brown; Suter, 2011).

> Avaliar as necessidades de informações e disponibilizar aos gestores informações relevantes, precisas, confiáveis, válidas e atuais é papel da pesquisa de mercado.

Sistema de informação de marketing (SIM) e sistema de suporte às decisões (SSD)

Agora que você já conhece a natureza e a importância da pesquisa de mercado, vamos entender o papel dela no **sistema de informação de marketing (SIM)** e no **sistema de suporte às decisões (SSD)**. A empresa precisa rastrear tendências e novas oportunidades, para isso faz-se necessário organizar e manter um fluxo constante e atual de informações.

O SIM gerencia o fluxo de dados advindos de <u>fontes primárias e secundárias</u> e define quem irá utilizá-los. Para isso, precisa-se de um banco de dados para organizar e armazenar as informações, além de um responsável por decisões (usuário SSD), cujo objetivo é recuperar os dados, transformá-los em informações úteis e distribuí-las aos responsáveis pela tomada de decisões.

> Fontes primárias são os portadores de dados brutos, ou seja, dados ainda não coletados; fontes secundárias são os fornecedores de dados já coletados, tabulados e analisados (Mattar, 2012). Os tipos de dados, primários e secundários, serão abordados mais profundamente no Capítulo 2.

Sistema de informação de marketing (SIM)

Os SIM são "constituídos de pessoas, equipamentos e procedimentos dedicados a coletar, classificar, analisar, avaliar e distribuir as informações [...] para aqueles que tomam as decisões de marketing" (Kotler; Keller, 2006). Malhotra (2011, p. 47) corrobora esse conceito ao definir o SIM como "um conjunto formalizado de procedimentos para gerar, analisar, armazenar e distribuir, de forma contínua, informações aos responsáveis pelas decisões de marketing".

> Você deve observar que a definição de pesquisa de mercado é muito parecida com a do SIM; o que diferencia uma da outra é que a primeira fornece informações bem pontuais para problemas específicos de marketing, enquanto o segundo disponibiliza informações continuamente.

Segundo Kotler e Keller (2006), o SIM começa e termina com os usuários das informações. Para compreender melhor observe o esquema a seguir.

Figura 1.3 – Sistema de informações de marketing (SIM)

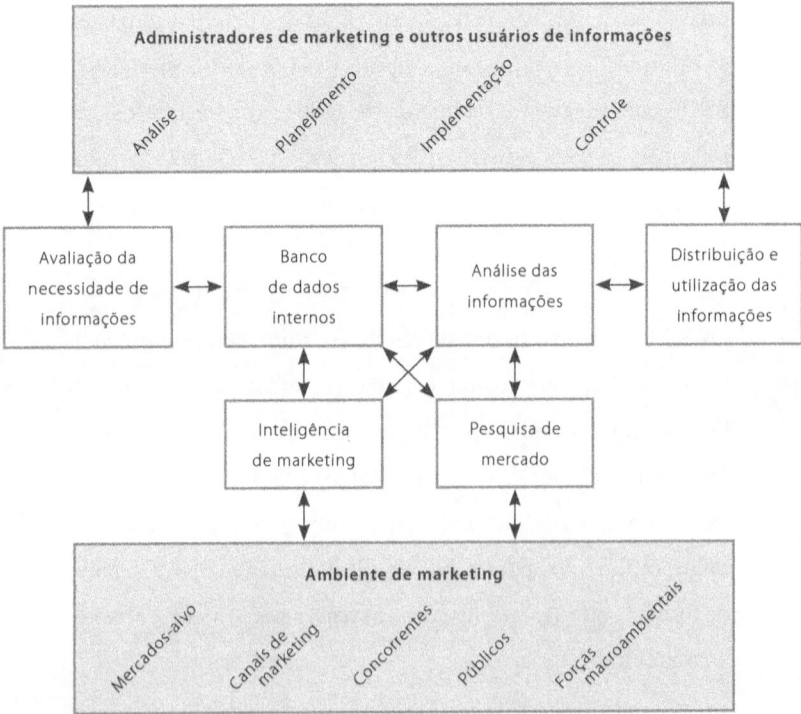

Fonte: Kotler; Keller, 2006, p. 85.

Os gestores precisam de informações para a tomada de decisões; dessa forma, o SIM interage com esses usuários a fim de identificar as informações necessárias, para, em seguida, gerá-las por meios de ferramentas próprias, isto é, dos dados internos da empresa, as atividades de inteligência de marketing e as pesquisas de mercado. Por exemplo, a empresa Alfa quer lançar, no Sul do Brasil, um sorvete no sabor cupuaçu, mas a gerente de marketing não sabe se esse sabor será bem aceito pelo público-alvo; para isso, ela precisa de informações que a auxiliem na tomada de decisão. Nesse sentido, o SIM interage com a gerente, identifica quais informações são necessárias, verifica quais ferramentas serão utilizadas para geração destas e fornece-as para a requisitante.

Segundo Kotler e Keller (2006), os profissionais de marketing podem obter as informações por meio de três formas, resumidas na Figura 1.4.

Figura 1.4 – Fontes do sistema de informação de marketing (SIM)

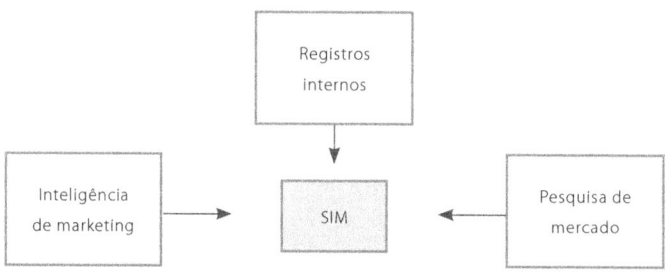

A seguir, conheceremos detalhadamente três tipos de fontes para obtenção de dados mencionados por Kotler e Keller (2006).

Inteligência de marketing

Nesse caso, o pesquisador coleta e analisa de forma sistemática as informações sobre concorrentes e desenvolvimento do mercado. Tais dados estão disponíveis na internet, em jornais, revistas, fornecedores, feiras, convenções etc.

A inteligência de marketing visa melhorar a tomada de decisão estratégica, analisar e monitorar as ações dos concorrentes e antecipar as oportunidades ou ameaças do ambiente de marketing.

As informações obtidas por meio dos funcionários da empresa – bem como de fornecedores, revendedores e clientes-chave – ou, ainda, mediante a observação dos concorrentes e o monitoramento das publicações sobre eles talvez demorem muito para chegar até o gestor, atrasando a tomada de decisão e, até mesmo, provocando a perda de oportunidades. Nickels e Wood (1999) sugerem algumas ações para melhorar a inteligência de marketing:

» Treinar e motivar as pessoas que trabalham com vendas, visto que elas se relacionam diretamente com o cliente e dispõem de informações importantes sobre consumidores, concorrentes, entre outros.

» Estimular distribuidores e demais intermediários a estreitar o relacionamento com a empresa, disponibilizando um canal de comunicação aberto para receber informações advindas desses parceiros.

» Contratar um responsável pela coleta e venda de informações do mercado em que a empresa atua, além de manter um canal de comunicação com os funcionários, independente da área em que atuam, pois as experiências vivenciadas por eles podem ser úteis na solução de problemas e na detecção de novas oportunidades.

Registros internos

Nesse caso, a empresa, a partir de fontes de dados internos, cria um banco de dados. Ao utilizá-lo, o gestor acessa o ciclo do pedido, verificando desde as informações da entrada do(s) pedido(s) na empresa até o faturamento e entrega do(s) produto(s). Por meio da análise do ciclo do pedido, é possível identificar os produtos que estão faltando, os atrasos ocorridos no atendimento, o histórico dos produtos mais vendidos, entre outros dados. Hoje, por meio dos relatórios de vendas, com atualizações em tempo real, o gestor pode ter acesso ao processo de previsão de vendas, o que facilitará o controle de estoque (Talvinen, 1995).

Por estarem na empresa, os bancos de dados internos geralmente são acessados com maior agilidade e menor custo que outras fontes de informação, permitindo o monitoramento e a análise do desempenho das empresas.

Pesquisa de mercado

Para obter informações de situações mais específicas de marketing (por exemplo, selecionar mercados-alvo, avaliar a eficácia de uma propaganda, determinar a excelência do desenho do produto ou, ainda, definir os melhores canais de distribuição), os dados internos e a inteligência de marketing não oferecerão detalhadamente as informações necessárias, papel da pesquisa de mercado.

Ela é um importante instrumento que auxilia o gestor no processo de tomada de decisão. Aaker, Kumar e Day (2004, p. 19) relatam que:

> Se comparássemos o marketing com um longo trem com múltiplos vagões, a pesquisa de marketing desempenharia duplo papel de motor, que impulsiona o trem, e de elemento de ligação entre os diversos vagões, para formar uma unidade funcional coesa. Em outras palavras, a pesquisa de marketing é abrangente – é o cérebro e os músculos de qualquer organização de marketing.

Portanto, é fundamental utilizar a pesquisa de mercado como uma ferramenta do SIM, pois somente ela coleta dados e os transforma em informações que auxiliam na solução de problemas específicos de marketing.

Sistema de suporte às decisões (SSD)

O SSD surgiu para ajudar os gestores na tomada de decisões, visto que um banco de dados não tem valor se as informações que ele armazena não puderem ser recuperadas. Por meio do SSD, o gestor insere as informações e as recupera quando surge a necessidade de, por exemplo, avaliar o mercado, fazer previsões e elaborar simulações que ilustram qual seria o cenário caso fossem alteradas as variáveis da estratégia de marketing (Boone; Kurtz, 1998).

O SSD é um conjunto coordenado de dados, ferramentas de sistema e técnicas com *software* e *hardware* de apoio, por meio dos quais a organização reúne e interpreta informações relevantes, transformando-as no alicerce para a tomada de decisões gerenciais. O SSD requer três tipos de programas: um *software* de gerenciamento de banco de dados para classificar e recuperar dados de fontes externas e internas; um *software* de gerenciamento de base de modelos de rotinas para manipular os dados de maneira interessante para os gestores de marketing; e um sistema de diálogo que permita aos gestores de marketing explorar o banco de dados e usar os modelos para elaborar relatórios com os temas que lhes interessam (Churchil Junior; Peter, 2003).

Assim, ao armazenar informações e produzir relatórios padronizados, tal sistema de apoio permitirá aos responsáveis pela tomada de decisões o acesso aos bancos de dados de acordo com a necessidade, no momento em que precisarem.

Fornecedores e serviços de pesquisa de mercado

Como vimos anteriormente, um dos componentes do SIM é a pesquisa de mercado, que oferece aos gestores informações formais sobre situações específicas. Vejamos um exemplo: você é o gerente de marketing da empresa XYZ e seu diretor lhe solicita uma pesquisa sobre o comportamento de compra dos potenciais consumidores de um determinado produto. Nesse caso, você precisa de informações específicas de marketing, e, para atender à solicitação, a primeira questão a ser resolvida refere-se a que tipo de fornecedor recorrer. Em geral, a obtenção das informações necessárias pode ocorrer por meio de duas fontes básicas:

1. **Fornecedores internos** – São departamentos de pesquisas de mercado da própria empresa. Algumas empresas dispõem de um departamento centralizado, em geral localizado na matriz, que fornece as informações necessárias para as demais unidades de negócios espalhadas geográfica e funcionalmente. Por outro lado, há aquelas empresas totalmente descentralizadas, que disponibilizam um departamento de pesquisa de mercado para cada unidade de negócio ou geográfica. A escolha do tipo de estrutura a ser adotada dependerá da quantidade de informações necessárias, da frequência das demandas, das especificidades e do tempo disponível para seu levantamento. Empresas como General Motors, Ford, Procter & Gamble, Unilever e Coca-Cola mantêm departamentos internos de pesquisa de mercado (Malhotra, 2011; Aaker; Kumar; Day, 2004).
2. **Fornecedores externos** – São empresas contratadas para realizar serviços de pesquisa de mercado. Abrangem desde pequenos fornecedores até corporações globais, como a Nielsen e a Cognizant , que faturam milhões de dólares com pesquisas de mercado (Malhotra, 2011).

Observe, na Figura 1.5, a classificação dos fornecedores de serviços e verifique as alternativas que você poderia utilizar para atender à solicitação do seu diretor.

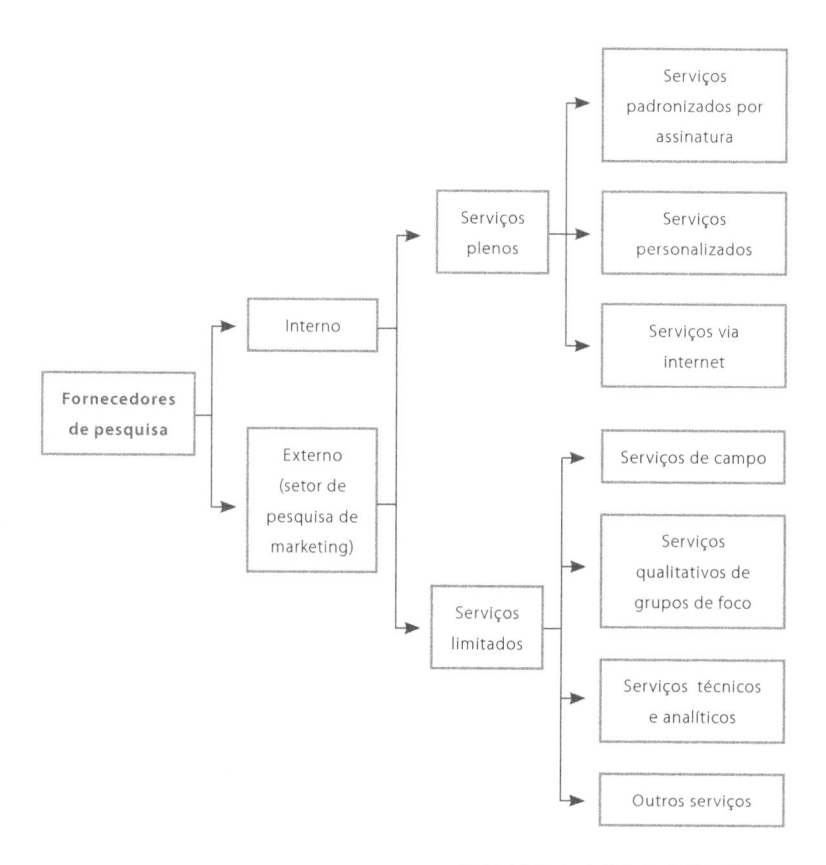

Figura 1.5 – Fornecedores e serviços de pesquisa de mercado

```
Fornecedores de pesquisa
├── Interno
└── Externo (setor de pesquisa de marketing)
    ├── Serviços plenos
    │   ├── Serviços padronizados por assinatura
    │   ├── Serviços personalizados
    │   └── Serviços via internet
    └── Serviços limitados
        ├── Serviços de campo
        ├── Serviços qualitativos de grupos de foco
        ├── Serviços técnicos e analíticos
        └── Outros serviços
```

Fonte: Adaptado de Malhotra, 2011, p. 49.

Na Figura 1.5, vemos que há o fornecedor interno e o externo. Quando é possível, a empresa utiliza o próprio departamento de pesquisa de mercado para realizar a pesquisa. No entanto, muitas empresas não possuem um fornecedor interno ou, em alguns casos, as pessoas que trabalham nesse departamento não conhecem suficientemente o assunto ou nem sequer têm a experiência necessária para a realização da pesquisa. Assim, o fornecedor externo pode auxiliar o departamento de pesquisa da empresa na resolução de um problema urgente – uma vez que a contratação deste ocorre em menor custo. Os fornecedores externos podem ter, ainda, as instalações e os conhecimentos necessários para realizar pesquisas que exijam um ambiente específico, como, por exemplo: salas com espelhos, salas de conferências ou cozinhas experimentais.

Ao analisar as situações expostas, você poderá concluir que é necessário contratar um fornecedor externo. Sendo assim, será preciso avaliar se deverá solicitar os serviços de um fornecedor de serviços limitados ou plenos. Agora, vamos entender a diferença entre um e outro.

Serviços plenos

Caso você precise de uma solução completa, é recomendável que contrate um fornecedor de serviços plenos. Empresas assim oferecem diversos tipos de pesquisa de mercado e se responsabilizam por planejamento, execução, análise e interpretação dos dados, além de preparação e apresentação do relatório, se necessário. Malhotra (2011), Aaker, Kumar e Day (2004) descrevem os vários tipos de serviços prestados pelos fornecedores de serviços plenos, como apresentado na Figura 1.5:

» **Serviços por assinatura ou de agências** – A empresa recolhe informações e as fornece aos clientes. São utilizados, por exemplo, *surveys*, clipagens diárias e auditorias como meios de coleta de dados. O Ibope, que realiza pesquisas de audiência de programas de TV, é um exemplo desse tipo de serviço.

» **Serviços padronizados** – A empresa fornecedora realiza estudos para empresas diferentes, mas seguindo um padrão. Por exemplo: uma empresa que fornece informações sobre a eficácia da publicidade veiculada em mídia impressa, segundo uma pontuação criada por ela.

» **Serviços sob medida ou exclusivos** – Oferecem uma grande variedade de serviços de pesquisa de mercado adaptados às necessidades do contratante. O atendimento é individual e busca auxiliar o cliente a implementar um projeto de pesquisa do início até o fim. Os fornecedores, em geral, executam o processo de pesquisa por inteiro, sendo bastante comum trabalharem diretamente com o corpo diretivo da empresa sobre um problema específico.

> Trata-se de uma pesquisa que obtém dados ou informações sobre as características ou opiniões de um determinado grupo de pessoas representantes de uma população-alvo. Em geral, a coleta é feita por meio de questionários (Tanur, citado por Pinsonneault; Kraemer, 1993).

» **Serviços via internet** – Nesse caso, a empresa fornecedora se especializa na realização de pesquisa via internet. Desse modo, oferece para o mercado de consumo e para empresas e profissionais de marketing diversas pesquisas qualitativas e quantitativas feitas sob medida.

Serviços limitados

Os fornecedores de serviços limitados se especializam em uma ou mais fases do projeto. Malhotra (2011), Aaker, Kumar e Day

(2004) classificam os serviços oferecidos por essas empresas da seguinte forma:

> » **Serviços de campo** – As empresas, pequenas ou grandes, coletam os dados, de acordo com a necessidade dos clientes, por meio de entrevistas, correio, telefone, entre outras possibilidades.
>
> » **Serviços de codificação e entrada de dados** – Nesse caso, a empresa se especializa em algumas etapas da pesquisa; geralmente são pequenas empresas que dispõem de *experts* em técnicas sofisticadas de análise, como especialistas em edição de questionários preenchidos e em desenvolvimento de esquemas de codificação e transcrição dos dados.
>
> » **Serviços analíticos** – Contratando esse tipo de fornecedor, a empresa terá o questionário elaborado e previamente testado e receberá a orientação acerca de qual é o melhor meio de coleta de dados, o que definirá o projeto de planos de amostragem e outros aspectos da concepção da pesquisa. Os prestadores de serviços analíticos têm conhecimento em projetos mais complexos, que exigem do pesquisador o domínio de procedimentos mais sofisticados, como projetos experimentais especializados, técnicas analíticas, análise conjunta e escala multidimensional.
>
> » **Serviços de análise de dados** – Os fornecedores são especializados na análise, por computador, de dados quantitativos. Há algum tempo, essas empresas ofereciam

apenas tabulações (contagem de frequência) e tabulações cruzadas (contagem de frequência que descreve simultaneamente duas ou mais variáveis). Atualmente, elas oferecem análises mais sofisticadas com a utilização de *softwares* específicos.

» **Produtos e serviços com marca** – Para resolver tipos específicos de problemas de pesquisas, os fornecedores de produtos e serviços com marca se especializam em procedimentos de coleta e análise de dados desenvolvidos para esse fim, vendendo-os como um produto de marca registrada. A Serasa Experian, por exemplo, oferece o Mosaic Brasil, que classifica a população brasileira em 10 grupos e 39 segmentos distintos em função de renda, aspectos geográficos e demográficos, padrões comportamentais e estilo de vida.

Os fornecedores de serviços limitados são aqueles que se especializam em determinada etapa. Para aquelas empresas que têm um departamento de pesquisa interno, essa é uma boa opção, pois, por exemplo, o fornecedor interno pode elaborar e testar previamente o instrumento de pesquisa, definir o meio de coletas de dados e o plano de amostragem e contratar um fornecedor externo para realizar as demais etapas do projeto de pesquisa.

Critérios para a contratação de um fornecedor externo

No momento da contratação de fornecedores externos de pesquisas, alguns critérios devem ser levados em consideração para ajudá-lo a fazer a melhor escolha. Aaker, Kumar e Day (2004) relatam que a primeira questão a ser avaliada se refere à capacidade de o fornecedor de serviços entregar as informações, as recomendações ou as conclusões solicitadas. Para tanto, você pode realizar um levantamento extenuante dos nomes de pessoas e empresas que tenham conhecimento nessa área de estudo. Em seguida, deve escolher alguns candidatos, utilizando como critério recomendações de empresas que tiveram necessidades parecidas com a sua, e realizar entrevistas pessoais com os gestores do serviço, solicitando-lhes exemplos de projetos semelhantes ao seu e referências de empresa que possam endossar o serviço. Finalmente, você deve analisar as referências de cada empresa fornecedora, dando prioridade aos relatos sobre a profundidade do conhecimento, competência e criatividade da empresa para lidar com os problemas e a qualidade e adaptação dos recursos disponíveis.

Malhotra (2011) recomenda que o pesquisador faça uma lista de fornecedores com base em publicações especializadas, indicações verbais e dados disponíveis na internet. Além disso, a empresa deve ponderar se realmente precisa de um fornecedor externo para realizar a pesquisa de mercado; se, após a reflexão, persistir a necessidade de um apoio externo, é importante conhecer a reputação do fornecedor no mercado (por exemplo: se ele conclui os projetos no prazo, respeita os padrões éticos, é flexível, tem experiência em pesquisa e em projetos semelhantes).

Informações consistentes são fundamentais para orientar as decisões em relação aos fornecedores de mercado, bem como outras decisões gerenciais.

> Lembre-se: o fornecedor com o melhor preço nem sempre é a melhor escolha.

Para você entender melhor os conceitos abordados até aqui, vamos conhecer um estudo feito pela Danone com o objetivo de entender a importância da pesquisa de mercado na construção da marca. Ao longo da leitura, tente identificar as pesquisas realizadas pelo fornecedor interno e pelos fornecedores externos.

Estudo de caso

Este caso exemplifica a importância da pesquisa de mercado na construção de uma marca, uma vez que descreve as etapas percorridas pela empresa e recorre ao planejamento de marketing como ferramenta para gerar o **consumer insight** e empreendê-lo em estratégias de posicionamento.

> Descoberta de motivações, valores e desejos do consumidor. Essa combinação de sentimentos pode ser utilizada em estratégias de marketing, servindo de apoio na tomada de decisões.

A Danone, buscando uma oportunidade de fortalecer seu portfólio no Brasil por meio da marca Activia (que já existia em outros países), precisava entender o comportamento dos consumidores em relação ao tema "intestino preguiçoso" e, para isso, necessitava de respostas para questões como:

» Aproximadamente quantas pessoas no Brasil sofrem de intestino preguiçoso? Qual o nível de conscientização dessas pessoas sobre o assunto? Quais públicos apresentam os maiores índices de intestino preguiçoso? Para os consumidores, o intestino preguiçoso é visto como um "problema" ou é considerado "hereditário" e, por isso, constitui uma reação natural do organismo?

As respostas a essas perguntas dariam o suporte necessário ao gerente de marketing na tomada de decisão, isto é, elas o auxiliariam na formulação das seguintes questões estratégicas: Dentre outros produtos internacionais da Danone©, o iogurte Activia era o de maior potencial a ser lançado no Brasil naquele momento? Por quê?

Estudando hábitos e atitudes, a Danone identificou que uma em cada três mulheres no Brasil apresentava sintomas de intestino preguiçoso.

Com base em uma pesquisa exploratória realizada para apontar o maior número de causas do problema, as atitudes para solucioná-lo e, principalmente, o nível de conscientização sobre intestino preguiçoso, foi possível mapear vários aspectos que seriam trabalhados pela marca, focando nas causas do intestino preguiçoso, assim como nos sintomas apresentados por quem padece desse problema. Os resultaram permitiram à Danone o desenvolvimento de um *briefing* de comunicação realizado pela agência publicitária para o lançamento do Activia como o primeiro iogurte funcional do mercado brasileiro.

A contribuição da pesquisa no monitoramento das ações de marketing

Os estudos de hábitos e atitudes são uma fonte de oportunidade e podem ser utilizados como uma grande métrica de desempenho de marca.

A empresa realizou atualizações dos estudos de hábitos e atitudes, o que lhe permitiu identificar em que momentos do dia o iogurte Activia era consumido; dessa maneira, foi possível concluir que as consumidoras poderiam ingerir o produto também em outras ocasiões, como acompanhamento de refeições ou sobremesas. O resultado foi o lançamento do Activia em suco para acompanhar refeições leves e do Activia Frozen, uma opção de sobremesa.

Estudos de *shopper*

Os estudos de **shopper understanding** permitiram à Danone entender como a marca Activia alterou a maneira de os consumidores escolherem suas marcas diante de tantas ofertas de produtos lácteos frescos.

> Estudo e compreensão do comportamento do consumidor no ponto de venda.

A experiência prática de todo o time de *trade marketing* da Danone, em conjunto com os aprendizados obtidos nos estudo de *shopper*, possibilitaram a elaboração e a implementação da "bíblia" dos profissionais de vendas da Danone.

Finalmente, para mostrar a eficácia dos estudos científicos feitos com a marca Activia, foi realizado um trabalho em conjunto com os profissionais de saúde. Também se efetuou um estudo para mensurar a quantidade de pacientes que recebem aprovação médica para o uso do produto.

Fonte: Elaborado com base em ESPM, 2013.

Com base no estudo de caso exposto, reflita sobre as seguintes questões:

1. Que razões motivaram a empresa a realizar as pesquisas de mercado?
2. Que tipos de fornecedores de pesquisa a Danone utilizou?
3. Era mesmo necessário realizar a pesquisa para avaliar o potencial de mercado de uma marca que já era sucesso em mais de 40 países?
4. Muitas informações foram utilizadas e muitas pesquisas de mercado foram realizadas pela Danone em relação à marca Activia. Quais das informações levantadas, em sua opinião, foram as mais relevantes para a construção de estratégias para essa marca?

Síntese

A pesquisa de mercado é a função que integra o consumidor, o cliente e o público ao profissional de marketing por meio da informação. Ela é responsável pela identificação, coleta, análise e disseminação de informações de forma sistemática e objetiva. A empresa realiza a pesquisa para identificar e solucionar problemas de marketing.

O marketing é responsável pela identificação e satisfação das necessidades dos clientes, e o papel da pesquisa de mercado é, por sua vez, avaliar as necessidades de informações e fornecer às gerências informações relevantes, precisas, confiáveis, válidas e atuais. A empresa deve rastrear tendências e buscar oportunidades; cabe a ela, portanto, a organização de um fluxo constante de informações. Para isso, há o sistema de informação de marketing (SIM), cujas fontes de informações são os registros internos, a inteligência de mercado e a pesquisa de mercado. Para obter as informações necessárias, o pesquisador pode utilizar fornecedores internos e externos. Há, no entanto, alguns critérios para contratação de um fornecedor externo que devem ser considerados pelo pesquisador.

Questões para revisão

1. Qual é o papel da pesquisa de mercado?

2. O que é sistema de informação de marketing (SIM) e no que ele se diferencia da pesquisa de mercado?

3. O SIM é dividido em três subsistemas. Relacione cada subsistema com suas características:
   I. Sistema de registros internos.
   II. Sistema de inteligência de marketing.
   III. Sistema de pesquisa de marketing.
   ( ) Visa ao conhecimento do que acontece no mercado por meio de livros, jornais e revistas.
   ( ) O acompanhamento das vendas da empresa é primordial para gerar informações desse subsistema.
   ( ) Apresenta, de maneira sistemática, as descobertas relevantes sobre um problema específico de marketing enfrentado pela empresa.
   ( ) É a coleta e a análise sistemáticas de informações publicamente disponíveis sobre concorrentes e desenvolvimento no mercado.

4. O pesquisador pode realizar a pesquisa com o objetivo de identificar ou solucionar problemas. Nesse contexto, assinale as alternativas que apresentam os diferentes tipos de questões tratadas na pesquisa de segmentação:
   a. Testar conceito.
   b. Estabelecer potencial e sensibilidade do mercado para vários segmentos.
   c. Selecionar mercados-alvo e criar perfis de estilo de vida e características demográficas, de mídia e de imagem do produto.
   d. Avaliar a eficácia da propaganda.

5. Os fornecedores de serviços limitados se especializam em uma ou algumas fases do projeto de pesquisa. Por outro lado, os fornecedores plenos oferecem uma solução completa, pois disponibilizam toda a gama de serviços de pesquisa de marketing. Nesse contexto, assinale as alternativas que descrevem os tipos de serviços plenos.
   a. Serviços por assinatura ou de agências.
   b. Serviços de análise de dados.
   c. Serviços padronizados.
   d. Serviços analíticos.

Para saber mais

Para conhecer mais sobre o Mosaic Brasil, acesse o seguinte *site*:
SERASA EXPERIAN. *Mosaic Brasil*. Disponível em: <http://www.serasaexperian.com.br/mosaic/o-que-e.html>. Acesso em: 3 mar. 2013.

Se você quiser saber como é o processo de medição de audiência, leia a explicação disponível no *site* a seguir:

IBOPE – Instituto Brasileiro de Opinião Pública e Estatística. **Audiência de televisão**. Disponível em: <http://www.ibope.com.br/pt-br/relacionamento/duvidas-frequentes/Paginas/Audiencia-de-televisao.aspx>. Acesso em: 3 mar. 2013.

Para conhecer um pouco mais sobre o sistema de informação de marketing (SIM), leia o artigo publicado na revista *Mercado Global*, disponível no *site*:

MATTAR, F. N. SIM: Sistemas de informação de marketing. **Mercado Global**, ano 13, n. 67, p. 24-45, mar./abr. 1986. Disponível em: <http://www.fauze.com.br/DOCUMENTOS/SIM.pdf>. Acesso em: 9 mar. 2013.

Para compreender melhor o *consumer insight*, citado no estudo de caso, você pode ler o material disponível no *link*:

PUGLIA, A. **Consumer insight**. Disponível em: <http://www.slideshare.net/anapuglia/consumer-insight-3379859>. Acesso em: 10 mar. 2013.

Para conhecer um pouco mais sobre a utilização do método de coleta de dados via internet, na percepção dos executivos dos institutos de pesquisas atuantes no Brasil, leia o artigo disponível no seguinte *link*:

FREZATTI, F. Análise dos traços de tendência de uma amostra das revistas científicas da área de contabilidade na língua inglesa. **Caderno de Estudos**, São Paulo, v. 13 n. 24, jul./dez. 2000. Disponível em: <http://www.eac.fea.usp.br/cadernos/completos/cad24/Revista_24_Art%204.pdf>. Acesso em: 30 set. 2013.

capítulo 2
definição de problema e planejamento de pesquisa

Conteúdos do capítulo

» Processo de pesquisa de marketing.
» Definição do problema de pesquisa.
» Planejamento de pesquisa.
» Pesquisas exploratória e conclusiva.
» Dados primários e secundários.
» Dados primários qualitativos e quantitativos.

Após o estudo deste capítulo, você será capaz de:

1. entender as etapas do processo de pesquisa;
2. compreender a importância da definição clara do problema de pesquisa;
3. compreender a diferença entre pesquisa exploratória e conclusiva;
4. entender a diferença entre dados primários e secundários;
5. conhecer as principais técnicas de pesquisa qualitativa.

Agora que você já sabe o que é pesquisa de mercado e as razões pelas quais ela é realizada pelas empresas, começaremos a explorar as etapas do processo de sua realização para, em seguida, conhecer detalhadamente a primeira delas, que é a definição do problema. Posteriormente, abordaremos a segunda etapa, ou seja, o planejamento, entendendo as diferenças entre pesquisa exploratória e conclusiva, entre os dados primários e secundários, e, ao final, conheceremos as principais técnicas da pesquisa qualitativa.

Processos da pesquisa de mercado

Após conhecermos os tipos de fornecedores e serviços de pesquisa de mercado e os critérios para a contratação dos fornecedores, discutiremos agora como um projeto de pesquisa de mercado é concebido, planejado e executado.

> Toda pesquisa formal é constituída de algumas etapas essenciais, chamadas *processo de pesquisa de mercado*.

O processo de pesquisa de mercado deve ser planejado e sistemático, a fim de que os aspectos do projeto tenham consistência entre si. Aaker, Kumar e Day (2004) descrevem uma série de passos do processo de pesquisa, sendo que cada um deles representa a resposta a uma questão-chave. Veja a seguir.

> Por que fazer a pesquisa?
> A resposta define o propósito ou o objetivo da pesquisa. Aqui o pesquisador precisa compreender as decisões que necessitam ser tomadas pelos gestores e os problemas e as oportunidades a serem levantados.

Que pesquisa deve ser realizada?
O pesquisador deve traduzir o propósito em objetivos que mostrarão claramente as questões que necessitam ser respondidas pelo projeto.

Vale a pena realizar a pesquisa?
O pesquisador deve avaliar se o custo para realização da pesquisa é menor que o valor das informações obtidas por ela.

Como a pesquisa deve ser projetada para alcançar seus objetivos?
Cabe ao pesquisador decidir que abordagem ele deve utilizar e especificar a forma como fará a coleta de dados.

O que fazer com a pesquisa?
O pesquisador precisa definir como fará a análise, a interpretação e a utilização dos dados para a tomada de decisões.

Autores como Malhotra (2011), Aaker, Kumar e Day (2004), Mattar (2012), Kotler e Armstrong (2006), Churchill Junior, Brown e Suter (2011) descrevem o processo da pesquisa em quatro, cinco e seis diferentes etapas, mas, em geral, elas são distribuídas conforme mostra a Figura 2.1, referencial que será adotado nesta obra:

Figura 2.1 – Etapas do processo de pesquisa de mercado

```
┌─────────────────────────┐
│  Formular o problema de │
│         pesquisa        │
└─────────────────────────┘
            ↕
┌─────────────────────────┐
│    Planejar a pesquisa  │
└─────────────────────────┘
            ↕
┌─────────────────────────┐
│     Coletar os dados    │
└─────────────────────────┘
            ↕
┌─────────────────────────┐
│ Preparar e analisar os dados │
└─────────────────────────┘
            ↕
┌─────────────────────────┐
│  Apresentar os resultados │
└─────────────────────────┘
```

A seguir, esclareceremos resumidamente cada uma das etapas do processo de pesquisa de mercado, para, a partir da próxima seção, aprofundar nosso estudo.

1. **Formular o problema de pesquisa** – Toda pesquisa de mercado se inicia com a formulação do problema. Nesta etapa, o pesquisador deverá entender profundamente o problema enfrentado pela empresa por meio de conversas com os responsáveis pelas decisões, entrevistas com peritos da área investigada, análises de dados secundários e, se preciso, realizando uma pesquisa

qualitativa. Em seguida, o pesquisador deverá formular o objetivo, a questão-problema e as hipóteses de pesquisa de mercado.

2. **Planejar a pesquisa** – Após formular o problema, o pesquisador deve planejar a pesquisa, ou seja, definir os procedimentos necessários para a obtenção das informações necessárias. Isso inclui: definir o tipo de pesquisa e as fontes de dados que serão utilizados; os métodos de coletas de dados; o processo de medição e escalonamento; a elaboração do questionário; o processo de amostragem e o tamanho da amostra.

3. **Coletar os dados** – Após planejar a pesquisa, o pesquisador iniciará o processo de coleta de dados. Para isso, são necessários a seleção, o treinamento, a supervisão e a avaliação da equipe de campo a fim de minimizar os erros na coleta de dados.

4. **Preparar e analisar os dados** – Feita a coleta de dados, o pesquisador deve editar, codificar, transcrever e verificar os dados. Nessa etapa, todos os questionários ou formulários são inspecionados, editados e, quando necessário, corrigidos. Os resultados são colocados em planilhas de Excel® ou *softwares* de pesquisas, permitindo ao pesquisador a análise dos dados por meio de técnicas estatísticas.

5. **Apresentar os resultados** – Todo projeto de pesquisa deverá ser entregue em um relatório escrito que descreva o problema e o planejamento de pesquisa, a coleta de

dados e os procedimentos de análises adotados, apresentando os resultados e as principais constatações.

Vimos um resumo das etapas do processo de pesquisa de mercado; a partir deste momento, começaremos a explorar mais detalhadamente cada uma delas. Neste capítulo, vamos conhecer melhor os processos de formulação e de planejamento da pesquisa de mercado; mais adiante (no Capítulo 5), abordaremos a terceira e a quarta etapas: coleta, preparação e análise dos dados. Para concluir esse tema, no último capítulo, veremos a quinta e última etapa do processo de pesquisa de mercado: a apresentação dos resultados.

Etapa 1 – Formulação de um problema de pesquisa

A pesquisa geralmente é motivada por um problema ou uma oportunidade. Por exemplo, uma queda nas vendas de carros pode ser um problema de pesquisa para a indústria automobilística; o aumento do consumo de comidas prontas pode ser uma oportunidade para a indústria alimentícia; o aumento da procura de alimentos saudáveis pode ser uma oportunidade ou um problema para a indústria alimentícia; o aumento de pessoas da terceira idade interessadas em atividades de lazer pode ser uma oportunidade para empresas de turismo ou de entretenimento.

> O pesquisador deve definir claramente o problema ou a oportunidade que ele irá explorar, pois a primeira etapa é essencial para obter informações úteis e evitar o desperdício de recursos.

É fundamental você perceber que a formulação precisa e adequada do problema é a mais importante de todas as etapas do processo de pesquisa, pois todo esforço, tempo e recursos investidos dessa etapa em diante serão desperdiçados se o problema não for elaborado corretamente.

Além disso, é preciso entender que os problemas de pesquisas, na maioria das vezes, não aparecem de maneira ordenada, com as necessidades de informações, os limites e as motivações claramente definidos pelos tomadores de decisões. Sendo assim, com frequência o pesquisador se depara com problemas mal definidos, pouco compreensíveis e com alternativas insuficientes para que possam ser analisados.

Nessas situações, sugere-se que o pesquisador prorrogue o prazo de realização da pesquisa até ter condições para definir apropriadamente o problema (Malhotra, 2011; Mattar, 2012; Aaker; Kumar; Day, 2004; Churchill Junior; Brown; Suter, 2011).

No entanto, como formular o problema de pesquisa de mercado especificamente? É o que discutiremos a seguir.

Problemas de pesquisa de mercado

> A elaboração do problema abrange o enunciado do problema geral de pesquisas de mercado e a identificação de seus componentes específicos. O pesquisador deverá dar continuidade às outras etapas do processo de pesquisa somente depois de definir claramente o problema (Malhotra, 2011).

Segundo Malhotra (2011), antes de formular um problema de pesquisa, é imprescindível que o pesquisador:

1. Discuta o problema com o tomador de decisão da empresa, a fim de entender as capacidades e as limitações da pesquisa. Além disso, o pesquisador precisa compreender a natureza da decisão enfrentada pelos gestores e os resultados esperados com a pesquisa. Finalmente, é preciso realizar, junto com o tomador de decisões, uma auditoria do problema, ou seja, fazer um exame completo deste para compreender sua origem e natureza.
2. Realize entrevistas com especialistas do setor. Observamos, contudo, que as entrevistas visam ajudar o pesquisador a formular o problema de pesquisa de mercado, e não a desenvolver uma solução conclusiva.
3. Analise os dados secundários – não se devem coletar dados primários antes de fazer uma análise completa dos dados secundários disponíveis, pois eles podem ajudar na formulação do problema.
4. Fazer a pesquisa qualitativa – todas as tarefas descritas anteriormente podem ser insuficientes para a formulação do problema; portanto, às vezes, é preciso recorrer a pesquisas qualitativas para compreender o problema e seus fatores implícitos.

Todas essas tarefas ajudam o pesquisador a entender a empresa do cliente, bem como o setor em que esta se insere, e, principalmente, compreender os fatores que afetam a definição do problema da pesquisa de mercado. Esses fatores, que envolvem o contexto ambiental do problema, compreendem informações passadas e previsões relativas ao setor e à empresa, recursos e restrições da empresa, objetivos dos responsáveis pelas decisões, comportamento dos compradores, ambiente legal, ambiente econômico e qualificações mercadológicas e tecnológicas da empresa.

Malhotra (2011) relata que a formulação do problema deverá permitir que o pesquisador obtenha todas as informações necessárias para identificar a possível solução e orientar a continuidade do processo de pesquisa. No entanto, ele deve estar atento para dois equívocos muito comuns nessa etapa:

1. **Definição muito ampla do problema** – Exemplos desse tipo de erro envolvem desenvolver uma estratégia de marketing para a marca e melhorar a posição competitiva ou a imagem da empresa. No entanto, a definição desses problemas não são suficientemente específicos para sugerir uma abordagem do problema ou uma concepção de pesquisa.

2. **Definição muito estreita do problema** – Esse erro pode impedir não só a consideração de alguns cursos de ação, mas também que o pesquisador fique atento a alguns componentes importantes do problema. Por exemplo: uma determinada empresa enfrentava o problema de como reagir à redução de preços iniciada pelos concorrentes. O gestor, juntamente com a equipe, fez um levantamento das possíveis ações, e as sugestões foram a redução do preço da marca da empresa para se igualar

ao concorrente; a manutenção do preço, mas com grande aumento de propaganda; a redução parcial do preço; e o aumento da propaganda somente. Além disso, o gestor consultou os especialistas em marketing e a sugestão foi entender como melhorar a participação de mercado e a lucratividade da linha de produtos. Após desenvolverem algumas pesquisas, os resultados mostraram que os consumidores não diferenciavam o produto da empresa do produto dos concorrentes, e por isso se baseavam no preço como indicador de qualidade. Tais conclusões levaram a uma alternativa criativa: elevar o preço da marca existente e lançar duas marcas novas, uma com preço igual ao do concorrente e outra com preço mais baixo. Resultado: a empresa aumentou a participação no mercado e a lucratividade.

Objetivos da pesquisa de mercado

Você percebeu, ao ler o resumo das etapas do processo de pesquisa de mercado, que o pesquisador, para entender profundamente o problema enfrentado pela empresa, deve antes conversar com os responsáveis pelas decisões, entrevistar peritos da área investigada, analisar os dados secundários e, se preciso, realizar uma pesquisa qualitativa. Assim, somente depois de realizar essas ações o pesquisador deverá formular o objetivo, a questão problema e as hipóteses de pesquisa de mercado.

Mas o que é objetivo de pesquisa?

Há diferentes abordagens para essa questão. Nesta obra, adotaremos o referencial teórico de Aaker, Kumar e Day (2004, p. 71), que descrevem objetivo de pesquisa como "uma declaração, com a terminologia mais precisa possível, de quais informações são necessárias". O objetivo de pesquisa é composto por três elementos: questão de pesquisa, desenvolvimento de hipóteses e escopo da pesquisa, conceituados a seguir.

> **Questão de pesquisa** – "A questão da pesquisa pergunta qual informação específica é necessária para atingir seus propósitos. Se a pergunta for respondida pela pesquisa, seus resultados terão validade no auxílio à tomada de decisões" (Aaker; Kumar; Day, 2004, p. 71).
>
> **Hipóteses** – "são, basicamente, respostas alternativas à questão de pesquisa" (Aaker; Kumar; Day, 2004, p. 71). Segundo Malhotra (2011, p. 78), a hipótese é uma "Afirmação ou proposição não comprovada a respeito de um fator ou fenômeno que é de interesse para o pesquisador".
>
> **Escopo** – é o limite da pesquisa. "Por exemplo, o interesse é apenas pelos consumidores atuais ou por todos os consumidores potenciais?" (Aaker; Kumar; Day, 2004, p. 71).

Para melhor compreensão, leia a seguir um exemplo de pesquisa de mercado. Analise atentamente os três elementos apontados pelos pesquisadores – a **questão de pesquisa**, as **hipóteses levantadas** e o **escopo da pesquisa**.

A Chanel esperava melhorar sua participação nas vendas das lojas de departamentos, expandindo sua propaganda além das revistas de alta moda. Para isso, pretendia anunciar em revistas que, em outro período, haviam sido consideradas vulgares demais para marcas de prestígios.

Sendo assim, a questão de pesquisa e as hipóteses formuladas foram:

» **Questão de pesquisa**: A Chanel tem uma imagem aristocrática?
» **Hipótese 1**: A Chanel é percebida como uma marca dispendiosa?
» **Hipótese 2**: Os usuários da Chanel têm renda acima da média?
» **Hipótese 3**: Os usuários da Chanel associam o perfume dessa marca a *status*?

Fonte: Adaptado de Malhotra, 2011.

Perceba que, para testar a hipótese 1 (H1), o pesquisador precisaria operacionalizar e medir o preço presumido associado ao perfume. Já a hipótese 2 (H2) exigiria que os entrevistados fossem classificados como usuários ou não usuários e disponibilizassem informações sobre sua renda. Finalmente, para a hipótese 3 (H3), seria necessário operacionalizar outra variável ou um conjunto de variáveis que medissem o *status* associado a Chanel.

Os resultados da pesquisa forneceram apoio para a validação de H1 e H3, porém não para H2, ou seja, a Chanel tinha uma imagem aristocrática, mas seu apelo não se limitava ao segmento superior. A dilatação do mercado-alvo pela propaganda em revistas antes consideradas vulgares levou ao aumento das vendas da Chanel em lojas de departamento (Malhotra, 2011).

> O objetivo de pesquisa também pode ser assim apresentado:
>
> 1. Objetivo geral: aquele que soluciona o problema.
> 2. Objetivos específicos: aqueles que indicam a resposta ao objetivo geral.
>
> Veja a seguir um exemplo referente aos objetivos geral e específicos:
>
> Questão de pesquisa:
> Qual é o potencial de mercado para uma instituição privada de ensino superior na cidade de Curitiba?
>
> Objetivo geral:
> Descobrir o potencial de mercado para abertura de uma instituição privada de ensino superior na cidade.
>
> Objetivos específicos:
>
> 1. Descobrir o perfil das pessoas que estudam em instituições privadas de ensino superior.
> 2. Identificar os cursos mais procurados nas instituições privadas de ensino superior.
> 3. Identificar as dimensões de qualidade valorizadas pelas pessoas que estudam em instituições privadas de ensino superior.

4. Entender os motivos que influenciam a escolha das pessoas pelo estudo em instituições privadas de ensino superior.

Etapa 2 – Planejamento da pesquisa

Logo após formular o problema, é preciso pensar no seu **planejamento**, o que compreende a segunda etapa do processo *de pesquisa*. O planejamento, também conhecido como *concepção de pesquisa*, funciona como uma estrutura ou planta que o pesquisador deve seguir para fazer seu projeto de pesquisa. Essa etapa é composta pelas seguintes atividades: escolha do tipo de pesquisa (exploratória ou conclusiva) e das fontes de dados (primárias ou secundárias) que serão utilizados no projeto; determinação dos métodos de coletas de dados; especificação dos procedimentos de medição e escalonamento; elaboração do questionário e realização do pré-teste; determinação do processo de amostragem e do tamanho da amostra (Malhotra, 2011). A seguir, discorreremos sobre cada uma dessas atividades.

Escolha do tipo de pesquisa

A primeira atividade do planejamento é escolher o tipo de pesquisa que será utilizada para a realização do projeto de pesquisa. Sobre esse conteúdo, você encontrará várias classificações, apresentadas por diferentes autores. Contudo, para este livro, utilizaremos a definição de Malhotra (2011), que classifica a pesquisa em *exploratória* ou *conclusiva*, como mostra a Figura 2.2:

Figura 2.2 – Classificação da pesquisa de mercado

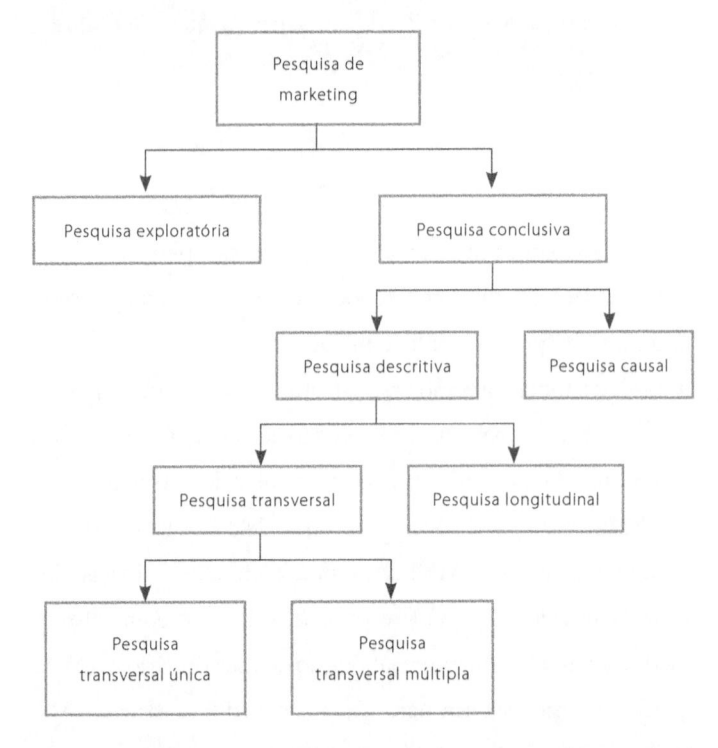

```
                    ┌──────────────┐
                    │ Pesquisa de  │
                    │  marketing   │
                    └──────┬───────┘
              ┌────────────┴────────────┐
              ▼                         ▼
    ┌───────────────────┐     ┌───────────────────┐
    │ Pesquisa          │     │ Pesquisa          │
    │ exploratória      │     │ conclusiva        │
    └───────────────────┘     └─────────┬─────────┘
                                 ┌──────┴──────┐
                                 ▼             ▼
                      ┌───────────────────┐ ┌───────────────────┐
                      │ Pesquisa          │ │ Pesquisa causal   │
                      │ descritiva        │ │                   │
                      └─────────┬─────────┘ └───────────────────┘
                         ┌──────┴──────┐
                         ▼             ▼
              ┌───────────────────┐ ┌───────────────────┐
              │ Pesquisa          │ │ Pesquisa          │
              │ transversal       │ │ longitudinal      │
              └─────────┬─────────┘ └───────────────────┘
                  ┌─────┴─────┐
                  ▼           ▼
         ┌────────────┐ ┌────────────┐
         │ Pesquisa   │ │ Pesquisa   │
         │ transversal│ │ transversal│
         │ única      │ │ múltipla   │
         └────────────┘ └────────────┘
```

Fonte: Malhotra, 2011, p. 105.

A **pesquisa exploratória** é utilizada quando a empresa não entende o problema que está enfrentando. Por exemplo: a Faculdade Alfa constata que o índice de evasão de seus cursos é muito elevado, no entanto, o gerente de marketing não entende os motivos disso. A fim de ajudá-lo a compreender melhor esse problema, o pesquisador pode fazer uma pesquisa exploratória para que o gerente aumente sua familiaridade com a situação, tenha *insights* e ideias, entenda mais profundamente o tema e desenvolva hipóteses, por exemplo. Mesmo nas situações em que o pesquisador conhece o assunto, a pesquisa exploratória pode ajudar, pois um problema pode ter várias explicações.

Por outro lado, se a empresa compreende claramente o problema que está enfrentando, é recomendável que realize uma **pesquisa conclusiva**, uma vez que esta auxilia o pesquisador a estipular, avaliar e escolher o melhor curso de ação para o problema; além disso, pode-se realizar tal pesquisa para validar os dados obtidos em uma pesquisa exploratória (Churchill Junior; Brown; Suter, 2011; Mattar, 2012). Veja no quadro 2.1, a seguir, uma síntese das diferenças entre esses tipos de pesquisa.

Quadro 2.1 – Comparação entre pesquisa exploratória e conclusiva

	Exploratória	Conclusiva
Objetivo	Prover critérios e compreensão.	Testar hipóteses específicas e examinar relações.
	As informações necessárias são definidas ao acaso.	As informações necessárias são claramente definidas.
	O processo de pesquisa é flexível e não estruturado.	O processo de pesquisa é formal e estruturado.
	A amostra é pequena e não representativa.	A amostra é grande e representativa.
	A análise dos dados primários é qualitativa.	A análise dos dados é quantitativa.
Constatações	Experimentais.	Conclusivas.
Resultado	Geralmente seguido por outras pesquisas exploratórias ou conclusivas.	Constatações usadas como dados para a tomada de decisão.

Fonte: Malhotra, 2011, p. 106.

Voltando à Figura 2.2, observamos que a pesquisa conclusiva pode ser classificada como descritiva ou causal, o que explicaremos a seguir.

Pesquisa descritiva

A *pesquisa conclusiva descritiva*, como o próprio nome evidencia, é utilizada para descrever algo, geralmente as características ou a função de mercado. O pesquisador pode utilizar esse tipo de pesquisa quando as perguntas são relacionadas à descrição de um fenômeno de mercado, como a frequência de compra, a identificação e a elaboração de relacionamentos. Ela pode ser utilizada para atender a diversos objetivos, como os citados a seguir:

» Descrever fenômenos ou características associados à população-alvo. Por exemplo: o pesquisador pode definir o perfil dos clientes que frequentam a sorveteria Bom Sabor, localizada em um bairro da periferia.

» Estimar a proporção da população e relação às características descritas. Por exemplo: a proporção de pessoas que frequenta sorveterias em bairros da periferia e também em bairros centrais.

» Definir as percepções de características do produto. Por exemplo: verificar a opinião dos clientes da sorveteria em relação às dimensões que influenciam a escolha desse tipo de empresa.

» Fazer previsões específicas. Por exemplo: quanto a sorveteria venderá de sorvetes sabor jabuticaba nos primeiros meses do seu lançamento.

A pesquisa descritiva pode auxiliar na descrição de fenômenos e na definição ou no conhecimento das características da população-alvo, sendo útil não só para estimar a proporção dessa população, mas também para conhecer as opiniões dos clientes e, até mesmo, fazer previsões específicas.

Esse tipo de pesquisa, uma das mais utilizadas em marketing, pode ser classificada em transversal ou longitudinal (Figura 2.3).

Figura 2.3 – Classificação dos estudos descritivos

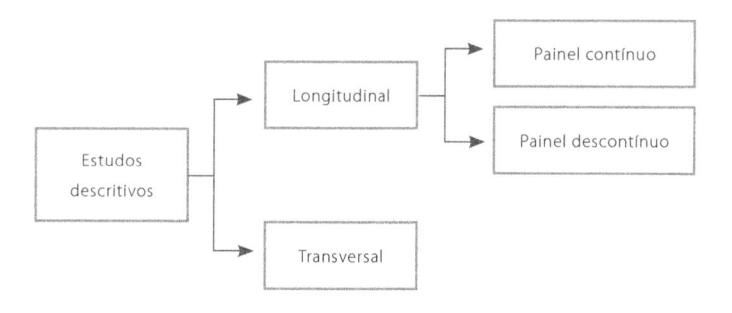

```
                                          ┌──────────────────┐
                                       ┌─▶│ Painel contínuo  │
                     ┌──────────────┐  │  └──────────────────┘
                  ┌─▶│ Longitudinal │──┤
┌──────────────┐  │  └──────────────┘  │  ┌──────────────────┐
│   Estudos    │──┤                    └─▶│ Painel descontínuo│
│  descritivos │  │                       └──────────────────┘
└──────────────┘  │  ┌──────────────┐
                  └─▶│  Transversal │
                     └──────────────┘
```

Fonte: Adaptado de Churchill Junior; Brown; Suter, 2011, p. 93.

No estudo **transversal**, o pesquisador coleta as informações da amostra de elementos da população escolhida apenas uma vez. Há dois tipos de estudo transversal:

» **Estudo transversal único** – Seleciona uma amostra de participantes da população-alvo e coleta as informações desta apenas uma vez.

» **Estudo transversal múltiplo** – Seleciona duas ou mais amostras de participantes e as informações de cada amostra também são obtidas apenas uma vez.

No estudo **longitudinal**, o pesquisador seleciona uma amostra fixa de elementos da população e realiza a coleta de dados repetidas vezes. A amostra selecionada é mantida por muito tempo, fornecendo, dessa forma, uma série de quadros que, avaliados em conjunto, permitem ao pesquisador visualizar a "fotografia" vivida pelo participante da situação e as mudanças que ocorreram ao longo do tempo.

O termo *painel* é usado de forma intercambiável com a expressão *estudo longitudinal*. Há dois tipos de painel:

1. **Painéis contínuos** – Baseiam-se em repetidas mensurações das mesmas variáveis. Por exemplo: o *scanner* da empresa Nielsen, chamado *Homescan*, usa um painel composto de aproximadamente 260 mil domicílios em 27 países para fornecer um rastreamento contínuo dos produtos que os consumidores compram.
2. **Painéis descontínuos** – As informações coletadas por meio dos membros do painel variam. Ora podem referir as atitudes relacionadas a um novo produto, ora podem coletar informações para avaliar uma peça publicitária. Por exemplo: um fabricante de celulares seleciona 3 mil pessoas para formar um painel consultivo de clientes. O fabricante poderá escolher membros do painel para auxiliar na avaliação de novos conceitos de celulares, mas,

se o conceito for uma inovação, o pesquisador deverá selecionar somente os clientes favoráveis às mudanças.

É importante você observar que, no painel descontínuo, os clientes selecionados e as informações desejadas variam de projeto para projeto.

Os dois tipos de painéis apresentam algumas vantagens em relação aos estudos transversais, sendo indicados para estudos demográficos detalhados, ou seja, quando o pesquisador quer coletar informações sobre renda, idade, nível de escolaridade, profissão dos respondentes, entre outras. Nesse caso, os estudos transversais são limitados, pois são contatados uma única vez. Como geralmente os membros do painel são compensados pela participação, sentem-se mais motivados a responder, diferente dos estudos transversais, em que, muitas vezes, não há gratificação.

Além disso, os dados dos painéis são mais precisos que os dados transversais. Quando fatores como comportamento de compra e acesso aos canais de comunicação são medidos nos estudos transversais, pede-se aos respondentes que recordem comportamentos passados e falem sobre eles, o que pode conduzir ao erro, uma vez que as pessoas tendem a esquecer detalhes. No painel, o comportamento é registrado à medida que ocorre, ou seja, há menos dependência da memória (Malhotra, 2011; Churchill Junior; Brown; Suter, 2011).

Pesquisa causal

Em algumas situações, antes de realizar pequenas mudanças – como aumento ou redução do preço, escolha do nome de um produto, escolha ou alteração de uma embalagem e elaboração de uma nova promoção do produto –, é imprescindível que o gestor descubra as relações de causa e efeito entre as variáveis de decisão (sobre as quais ele tem controle) e as variáveis de resultado (sobre as quais não tem controle).

Nessas situações, o pesquisador pode optar pela **pesquisa conclusiva causal**, que busca obter evidências da relação de causa e efeito. Geralmente, as decisões na empresa são fundamentadas em relações causais presumidas. Essas proposições nem sempre se justificam; sendo assim, por meio de pesquisas formais, o pesquisador pode verificar sua validade. Por exemplo: presumir que o aumento do preço de um determinado produto provoca a queda nas vendas nem sempre é verdadeiro. Para entender essa situação, indica-se utilizar esse tipo de pesquisa, pois ela ajudará a verificar as variáveis que são a causa (variáveis independentes) e as que são o efeito (variáveis dependentes) de um fenômeno.

Analise a seguinte questão: estamos familiarizados com a noção geral de causalidade, isto é, um fato implica o acontecimento de outro. Todavia, é importante saber que a noção científica de causalidade é complexa.

Estabelecer que uma variável X causa a variável Y requer a junção de inúmeras condições, incluindo a eliminação de todas as outras possíveis causas de Y. Vale ressaltar que dificilmente o pesquisador terá certeza de terem sido eliminadas todas as outras possíveis causas. Mesmo que ele seja bem cuidadoso no planejamento e na execução da pesquisa, ele não poderá afirmar, de forma categórica, que X causa Y.

Isso quer dizer que o pesquisador deve desconsiderar a pesquisa causal? Não. Embora ele não possa provar que uma mudança em uma variável causa mudança em outra, ele pode realizar uma pesquisa que ajude a estreitar a provável relação causal entre duas variáveis, eliminando as outras possíveis causas de que tenha conhecimento (Mattar, 2012; Malhotra, 2011; Churchill Junior; Brown; Suter, 2011).

Agora que você conheceu as concepções básicas de pesquisa, observe, no Quadro 2.2, a comparação entre elas:

Quadro 2.2 – Comparação entre as pesquisas exploratória, descritiva e causal

	Exploratória	Descritiva	Causal
Objetivo	Descoberta de ideias e dados.	Descreve características ou funções de mercado.	Determina as relações de causa e efeito.
Características	Flexível, versátil.	Marcada pela formulação prévia de hipóteses específicas.	Manipula uma ou mais variáveis independentes.
	Frequentemente é o início de toda a pesquisa.	Estudos pré-planejados e estruturados.	Controla outras variáveis indiretas.

Fonte: Adaptado de Malhotra, 2011, p. 106.

Determinação dos tipos de dados

Escolher entre a pesquisa exploratória ou conclusiva ou utilizar ambas é o primeiro passo no processo de pesquisa de mercado. Logo depois, o pesquisador precisará definir que tipo de dados utilizará em sua pesquisa. A Figura 2.4 ilustra os tipos de fontes de dados e a classificação dos dados primários:

Figura 2.4 – Classificação dos dados de pesquisa

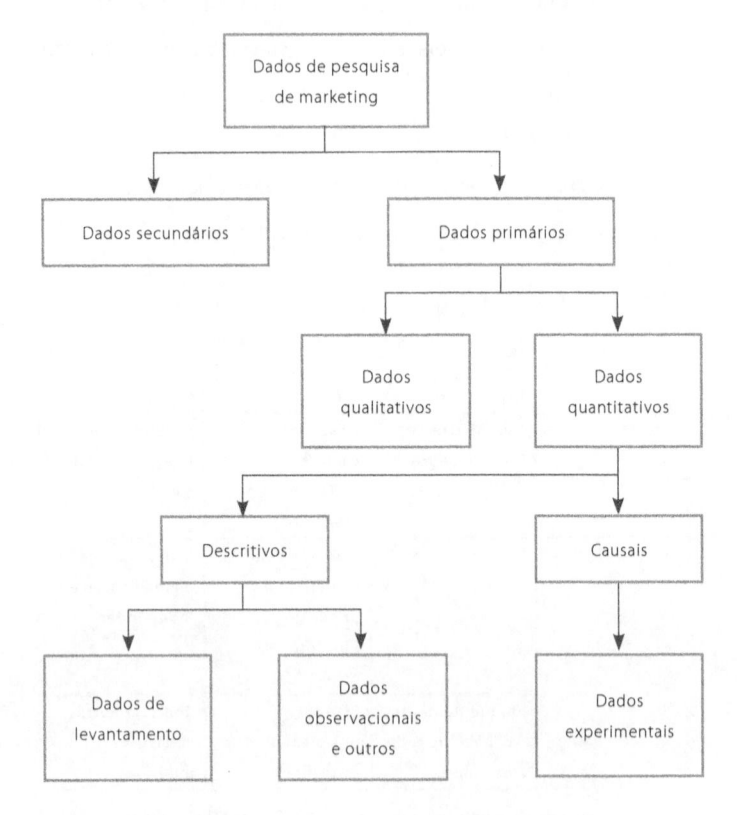

```
                    Dados de pesquisa
                      de marketing
                    ┌──────┴──────┐
            Dados secundários   Dados primários
                            ┌──────┴──────┐
                    Dados qualitativos   Dados quantitativos
                            ┌──────┴──────┐
                        Descritivos     Causais
                    ┌──────┴──────┐         │
            Dados de    Dados              Dados
          levantamento  observacionais   experimentais
                        e outros
```

Fonte: Adaptado de Malhotra, 2011, p. 155.

Apresentamos no Quadro 2.3 a seguir uma definição mais detalhada sobre dados primários e secundários.

Quadro 2.3 – Definição de dados primários e secundários

	Descrição
Dados primários	Chamamos de *dados primários* ou *diretos de dados* os portadores de dados brutos, ou seja, dados nunca coletados, tabulados e analisados. São fontes primárias: consumidores, telespectadores, intermediários, leitores etc.
Dados secundários	Chamamos de *dados secundários* ou *indiretos de dados* os portadores de dados já coletados, tabulados e analisados – ou seja, já transformados em informação – e que estão disponíveis para consulta. São fontes de dados secundários: Instituto Brasileiro de Geografia e Estatística (IBGE), Fundação Getulio Vargas (FGV), relatórios de pesquisas, jornais, revistas, livros etc.

Fonte: Adaptado de Mattar, 2012, p. 42.

Para entender melhor a diferença entre os dados primários e secundários, analise o seguinte exemplo: uma indústria de televisores realiza uma pesquisa para conhecer as características demográficas dos compradores do produto e identificar quais são os perfis dos clientes e o modo como eles efetuam a escolha entre os variados tamanhos e modelos de TV disponíveis. Nesse caso, a indústria estaria coletando dados primários; mas se, em vez disso, a empresa utilizasse dados estatísticos já publicados, relativos aos compradores de televisores, o levantamento seria feito com dados secundários.

Ordem para a procura de dados

Recomenda-se que a procura dos dados necessários para a realização de uma pesquisa inicie pela busca dos dados secundários internos, seguido pelos dados secundários externos e, finalmente, pelos dados primários, conforme ilustra a Figura 2.5.

Figura 2.5 – Passos para a definição dos dados e das fontes de dados no processo de pesquisa

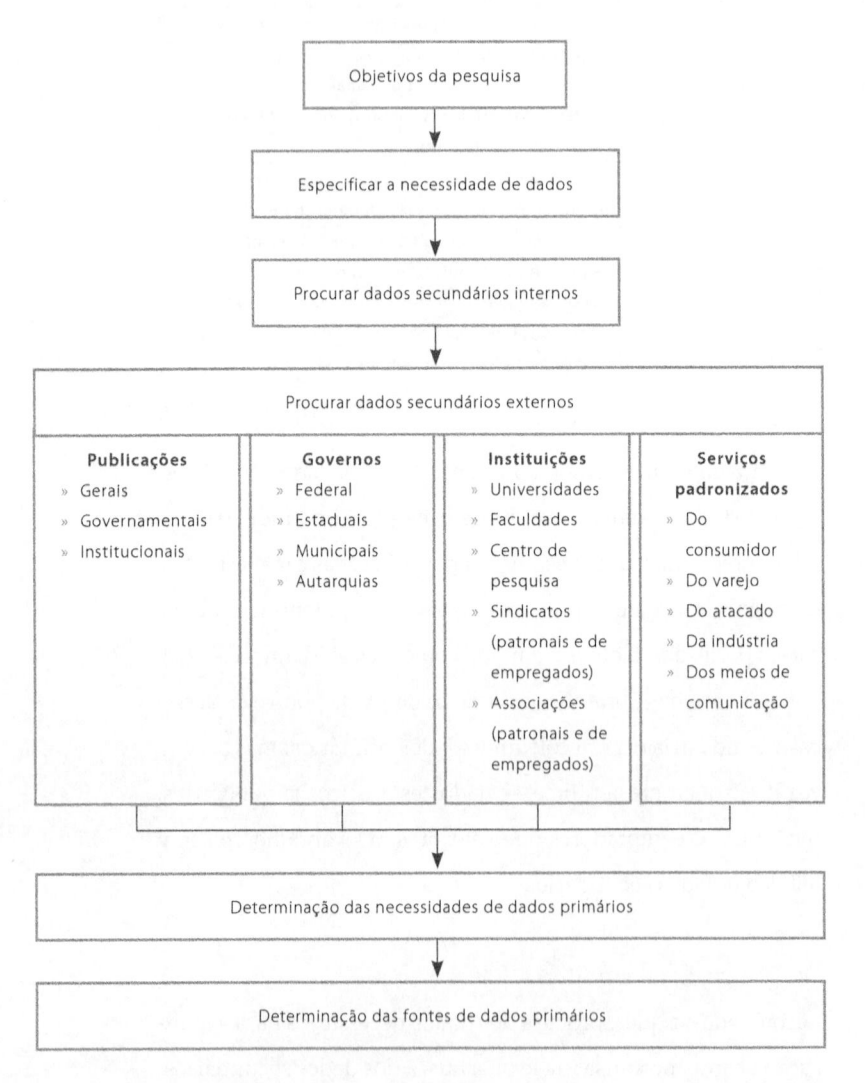

```
                    ┌─────────────────────────┐
                    │   Objetivos da pesquisa  │
                    └────────────┬────────────┘
                                 ▼
                  ┌────────────────────────────────┐
                  │ Especificar a necessidade de dados │
                  └────────────┬───────────────────┘
                               ▼
                  ┌────────────────────────────────┐
                  │ Procurar dados secundários internos │
                  └────────────┬───────────────────┘
                               ▼
```

Procurar dados secundários externos

Publicações	**Governos**	**Instituições**	**Serviços padronizados**
» Gerais	» Federal	» Universidades	» Do consumidor
» Governamentais	» Estaduais	» Faculdades	» Do varejo
» Institucionais	» Municipais	» Centro de pesquisa	» Do atacado
	» Autarquias	» Sindicatos (patronais e de empregados)	» Da indústria
		» Associações (patronais e de empregados)	» Dos meios de comunicação

Determinação das necessidades de dados primários

Determinação das fontes de dados primários

Fonte: Mattar, 2012, p. 42.

Vantagens do uso dos dados secundários

Para Mattar (2012) e Malhotra (2011), a utilização de dados secundários apresenta as seguintes vantagens: economia de tempo, dinheiro e esforço; assistência na melhor definição do problema de pesquisa; determinação de um modelo de pesquisa mais adequado para o projeto; recomendação de métodos de pesquisas de coleta de dados já testados e aprovados; possibilidade de o pesquisador comparar ou complementar os dados primários que coletará no futuro; assistência na interpretação dos dados primários; indicação de outros tipos de dados que podem ser coletados a fim de que o pesquisador obtenha as informações desejadas. Vale reiterar a importância de o pesquisador iniciar a coleta de dados primários somente depois de analisar os dados secundários disponíveis.

Desvantagens do uso de dados secundários

Apesar das diversas vantagens mencionadas, o uso de dados secundários pode também apresentar desvantagens. Entre elas, podemos destacar: a dificuldade de encontrar dados secundários que se adaptem às necessidades específicas do pesquisador, visto que a coleta foi realizada com objetivos diferentes; os intervalos de classe encontrados nos dados secundários podem não se ajustar ao interesse da pesquisa; a dificuldade em verificar a confiabilidade dos dados coletados.

> **Combinação de dados secundários internos e externos**
>
> O pesquisador tem a possibilidade de combinar os dados internos com os externos com o objetivo de obter auxílio no desenvolvimento das análises de mercado ou dos perfis de diversos grupos de clientes. A combinação de dados resulta em informações valiosas e menos custosas, podendo servir para os mais diversos objetivos (Mattar, 2012; Malhotra, 2011).

Dados primários

Como vimos na figura 2.4, os dados primários podem ser classificados em **qualitativos** ou **quantitativos**. A pesquisa qualitativa possibilita ao pesquisador:

» o entendimento mais claro da situação;
» a determinação do problema e o desenvolvimento da abordagem de pesquisa.
» a confirmação dos dados obtidos nas pesquisas conclusivas.

A pesquisa quantitativa, por sua vez, objetiva, como o próprio nome diz, quantificar os dados. Os resultados obtidos são considerados conclusivos e então utilizados na indicação de ações para a solução do problema (Malhotra, 2011; Aaker; Kumar; Day, 2004).

Para entender melhor essa distinção, observe o Quadro 2.4, no qual apresentamos uma comparação entre as pesquisas qualitativa e quantitativa.

Quadro 2.4 – Comparação entre pesquisas qualitativa
e quantitativa

	Pesquisa qualitativa	Pesquisa quantitativa
Objetivo	Alcançar compreensão qualitativa das razões e motivações subjacentes.	Quantificar e generalizar os resultados da amostra para a população-alvo.
Amostra	Pequeno número de casos não representativos.	Grande número de casos representativos.
Coleta de dados	Não estruturada.	Estruturada.
Análise dos dados	Não estatística.	Estatística.
Resultado	Desenvolve uma compreensão inicial.	Recomenda um curso final de ação.

Fonte: Malhotra, 2011, p. 156.

É importante reforçar que a pesquisa qualitativa é utilizada para desenvolver uma compreensão inicial do problema, enquanto a pesquisa quantitativa é conclusiva, e, por isso, o pesquisador pode utilizar os resultados obtidos para recomendar um curso de ação final.

Dados primários qualitativos

Você viu que os dados primários qualitativos são utilizados para desenvolver uma compreensão inicial do problema e, dependendo do objetivo da pesquisa, podem ter uma abordagem direta ou indireta, assunto sobre o qual discorreremos a seguir.

» **Abordagem direta** – Na abordagem direta, geralmente o pesquisador esclarece o objetivo da pesquisa aos participantes. Mesmo naquelas situações em que o objetivo não é revelado, com frequência as pessoas conseguem percebê-lo por meio da análise das perguntas formuladas pelo pesquisador. Nas técnicas utilizadas na abordagem direta, as questões permitem que os respondentes expressem livremente percepções, crenças, valores, experiências, comportamento e intenções. Portanto, há muita flexibilidade no que diz respeito à maneira de perguntar e ao grau de questionamento (Malhotra, 2011; Mattar, 2012).

» **Abordagem indireta** – Na abordagem indireta, o objetivo da pesquisa não é revelado ao participante. O pesquisador cria situações que encorajam as pessoas a expor crenças, sentimentos, personalidade, necessidades emocionais e conflitos interiores, sem que elas estejam conscientes do que realmente estão expondo (Malhotra, 2011; Mattar, 2012).

A Figura 2.6 retrata a classificação dos tipos de pesquisa qualitativa.

Figura 2.6 – Classificação dos tipos de pesquisa qualitativa

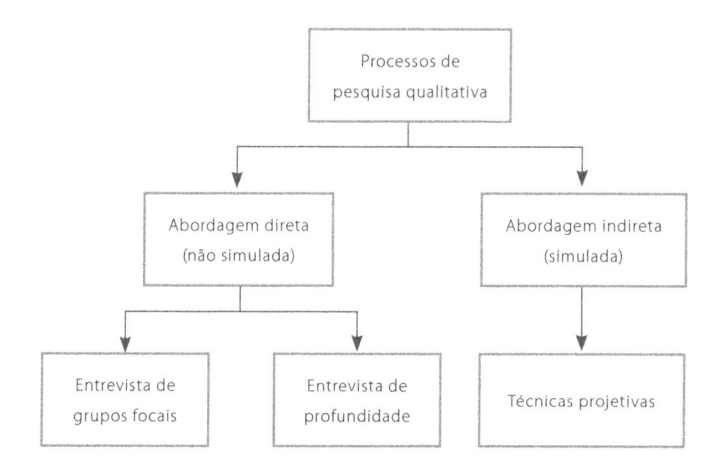

```
                    ┌─────────────────────┐
                    │     Processos de    │
                    │  pesquisa qualitativa│
                    └──────────┬──────────┘
              ┌────────────────┴────────────────┐
              ▼                                 ▼
   ┌─────────────────────┐           ┌─────────────────────┐
   │  Abordagem direta   │           │  Abordagem indireta │
   │   (não simulada)    │           │     (simulada)      │
   └──────────┬──────────┘           └──────────┬──────────┘
        ┌─────┴─────┐                           │
        ▼           ▼                           ▼
  ┌───────────┐ ┌───────────┐           ┌───────────────┐
  │Entrevista │ │Entrevista │           │   Técnicas    │
  │de grupos  │ │    de     │           │   projetivas  │
  │  focais   │ │profundidade│          │               │
  └───────────┘ └───────────┘           └───────────────┘
```

Fonte: Adaptado de Malhotra, 2011, p. 156.

Vale ainda ressaltar que há uma variedade de pesquisas qualitativas. Neste livro, adotaremos a classificação de Malhotra (2011), que incorpora os tipos de pesquisas mais utilizados em marketing.

Conheceremos, na sequência, as definições dos tipos de pesquisa qualitativa.

GRUPOS FOCAIS

As entrevistas de grupos de foco estão entre as técnicas qualitativas mais utilizadas em pesquisas de mercado. Em um grupo focal, reúne-se um pequeno grupo de respondentes para discutir um tópico de interesse da empresa. A entrevista é realizada de maneira não estruturada e natural por um moderador treinado, que tenta seguir um esboço geral de assuntos, enquanto, simultaneamente, coloca os comentários feitos por cada pessoa para a consideração do grupo de discussão. Os participantes são expostos às ideias uns dos outros e podem manifestar suas opiniões em relação ao que está sendo questionado (Malhotra, 2011; Mattar, 2012; Churchill Junior; Brown; Suter, 2011).

As entrevistas são realizadas com um grupo de pessoas em um ambiente previamente preparado para estimular os participantes a exporem suas posições. Veja no Quadro 2.5 as características dos grupos focais.

Quadro 2.5 – Características dos grupos focais

Tamanho do grupo	No mínimo 8 e no máximo 12.
Composição do grupo	Homogêneo; respondentes pré-selecionados.
Contexto físico	Atmosfera relaxada, informal.
Duração	Entre 1 e 3 horas.
Registro	Gravação em áudio e vídeo.
Moderador	Habilidades observacionais, interpessoais e de comunicação.

Fonte: Adaptado de Malhotra, 2011, p. 158.

Ao entrevistar os grupos focais, é possível coletar informações importantes. Segundo Mattar (2012) e Malhotra (2011), esse tipo de entrevista pode ser muito útil para:

» avaliar e ajudar a desenvolver conceitos de novos produtos;
» gerar ideias para desenvolver novos produtos;
» gerar ideias para aprimorar os produtos atuais;
» elaborar conceitos e peças publicitárias criativas para propaganda;

» gerar ideias para o desenvolvimento de promoção de vendas;
» prover informações sobre uma categoria de produto;
» gerar hipóteses sobre opiniões, usos, costumes, imagens, aceitação de produtos, percepções, crenças, valores, experiências, atitudes, estilo de vida, entre outros;
» firmar impressões de preços.
» entender percepções, preferências e comportamento do consumidor em relação a uma categoria de produto.

Para a realização do grupo focal, é necessária uma sala especialmente construída para essa técnica, conforme mostra a Figura 2.7.

Figura 2.7 – Sala de espelho utilizada no grupo focal

Observe que a sala é organizada de modo a acomodar confortavelmente o participante. Em geral, em um canto, encontra-se um vidro espelhado com um espaço atrás para acomodar o equipamento utilizado para gravar a entrevista do grupo focal, além de poltronas disponíveis para outros pesquisadores e representantes da empresa acompanharem a atividade.

Leia, a seguir, um exemplo da aplicação de um grupo focal.

> A divisão Buick da General Motors utilizou grupos de foco para desenvolver o sedã duas portas para seis passageiros. Cinco anos antes do lançamento do carro, a empresa realizou 20 grupos focais em todo país, a fim de definir as características que os clientes poderiam desejar em um carro semelhante. Os resultados mostraram que os compradores potenciais gostariam de um sedã que fizesse pelo menos 32,18 Km com 3,8 L de gasolina, com arranque de 0 a 60 milhas (96,54 Km) em até 11 segundos. Além disso, privilegiariam um carro com estilo, sem, no entanto, parecer uma "nave extraterrestre".
>
> Com base nos resultados dos grupos focais, posteriormente confirmados em pesquisas quantitativas, os engenheiros da empresa criaram modelos em argila e elaboraram maquetes do interior do carro. Em seguida, a Buick realizou outros grupos focais com compradores potenciais, que não gostaram do tamanho do para-choque e do capô, mas aprovaram o freio a disco nas quatro rodas e a suspensão independente. Além disso, os grupos ajudaram a aperfeiçoar a publicidade para o

> modelo de carro Buick Regal, indicando quais concorrentes mais se assemelham ao Buick em imagem e características. O *slogan* para o Regal 1998, "O carro oficial da família de peso", surgiu com base nos resultados dos grupos focais. Esse reposicionamento contribuiu para aumentar as vendas do modelo.

Fonte: Adaptado de Malhotra, 2011, p. 162.

Os grupos focais são usados para pesquisar os mais diversos tipos de problemas de pesquisa que necessitem de conhecimento mais aprofundado sobre o tema, pois, conforme mencionamos, o pesquisador consegue coletar informações importantes por meio da discussão livre entre os participantes.

Entrevistas de profundidade

Também conhecidas como *entrevistas em profundidade* ou *aprofundamento*, as entrevistas de profundidade servem para explorar o conhecimento e a experiência daqueles que dispõem de informações relevantes sobre o problema. Por exemplo, uma indústria de automóvel pode entrevistar, sempre individualmente, engenheiros e projetistas para entender melhor seus concorrentes. A entrevista de profundidade é "não estruturada, direta, pessoal, em que um único respondente é sondado por um entrevistador altamente treinado, para descobrir motivações, crenças, atitudes e sentimentos subjacentes sobre um tópico" (Malhotra, 2011, p. 63).

É importante ressaltar que essa técnica, em sua essência, é semelhante aos grupos focais, porém a entrevista é individual, podendo estender-se por trinta minutos a mais de uma hora.

As entrevistas em profundidade podem ser caras, pois entrevistadores treinados exigem bons salários, os dados são coletados com um entrevistado por vez e os registros em áudio ou vídeo devem ser transcritos, codificados e analisados. Essa técnica, porém, pode resultar em importantes observações, e, por isso, quase sempre o esforço é recompensado (Malhotra, 2011; Churchill Junior; Brown; Suter, 2011).

Malhotra (2011) relata que a entrevista de profundidade pode ser utilizada para um variado número de finalidades, destacando-se:

> » a sondagem detalhada do entrevistado;
> » a discussão de tópicos confidenciais, delicados ou embaraçosos;
> » as situações em que existem normas sociais rígidas, nas quais o entrevistado pode ser facilmente influenciado pela resposta do grupo;
> » as entrevistas com profissionais;
> » as entrevistas com concorrentes;
> » as situações em que a experiência do consumo de um produto é sensorial por natureza, afetando estados de espírito e emoções.

Leia, a seguir, um exemplo de aplicação de entrevista de profundidade.

Estudos sobre sabonetes mostram que as pessoas invariavelmente afirmam que um bom produto é aquele que traz a sensação de "limpeza e frescor" após o banho. No entanto, elas têm dificuldade de explicar o que isso significa.

Para os publicitários, que precisam de novos métodos para interpretar essas sensações, isso não ajuda muito. Assim, os participantes foram sondados, por meio de entrevistas de profundidade, sobre tudo o que "limpo e fresco" significava para eles: as ocasiões em que se sentiam assim, o quadro mental dessas sensações, os estados de espírito e as sensações a eles relacionadas, as músicas e as cores que lhe vinham à mente e até mesmo as fantasias evocadas.

"Escapar da vida rotineira" foi um dos principais temas que emergiram das entrevistas de profundidade – escapar do estresse da vida na cidade por meio da sensação de estar em um ambiente livre, relaxado, sem impedimentos e cercado pela natureza no campo. As palavras e as imagens suscitadas pelo tema geraram novas ideias para uma publicidade criativa, o que resultou em uma campanha bem-sucedida, totalmente diferente daquelas da concorrência.

Fonte: Adaptado de Malhotra, 2011 p. 162.

Observe no Quadro 2.6 uma comparação entre grupos focais e entrevistas de profundidade para compreender melhor as características das duas técnicas.

Quadro 2.6 – Comparação entre grupo focal e entrevista de profundidade

	Grupos focais	Entrevistas de profundidade
Inserções do grupo	Estão presentes, o que pode estimular os participantes a expor novas ideias.	Não existem. Logo, o estímulo para que os participantes exponham novas ideias precisa partir do entrevistador.
Pressão do grupo/dos pares	A pressão e o estímulo do grupo podem esclarecer e desafiar os participantes a exporem as novas ideias. A pressão dos pares e a vivência dos papéis podem ocorrer e tornar-se confusos para o moderador.	Não há pressão dos pares; por consequência disso, as ideias dos participantes não são desafiadas. Com apenas um respondente, a vivência de papéis é minimizada.
Competição dos respondentes	Os respondentes competem entre si para manifestar suas ideias. O tempo para obter detalhes é menor.	Somente um indivíduo fica diante do entrevistador, e assim pode expressar-se em um ambiente não competitivo. Há mais tempo para obter informações detalhadas.
Influência	As respostas em um grupo podem sofrer a influência das opiniões de outros membros.	Com apenas um respondente, não há possibilidade de sofrer influência.
Delicadeza do tema	Se o tema é delicado, os respondentes podem ficar constrangidos.	Se o tema é delicado, o respondente pode sentir-se mais à vontade para falar.
Quantidade de informações	Uma quantidade relativamente grande de informações pode ser obtida em curto espaço de tempo e com custos razoavelmente baixos.	Uma quantidade relativamente grande de informações pode ser obtida, o que requer tempo para coletar e analisar os resultados. Sendo assim, os custos são relativamente altos.

(continua)

(Quadro 2.6 – conclusão)

	Grupos focais	Entrevistas de profundidade
Estímulo	O volume de material motivacional que pode ser usado é um tanto limitado.	Uma grande quantidade de material motivacional pode ser utilizado.
Agenda	Pode ser difícil agendar uma sessão com seis ou oito participantes.	Entrevistas individuais são facilmente agendadas.

Fonte: Adaptado de Aaker; Kumar; Day, 2004, p. 213.

TÉCNICAS PROJETIVAS

Observe que, na entrevista em profundidade e no grupo focal, o pesquisador deixa claro o propósito da pesquisa ou o entrevistado, de alguma forma, toma conhecimento dele. No entanto, se o pesquisador quer acobertar o propósito da pesquisa, recomenda-se a utilização das técnicas projetivas. Essas técnicas buscam criar circunstâncias que encorajam os respondentes a exporem crenças, sentimentos, estrutura de personalidade, necessidades emocionais e conflitos. Os métodos projetivos também são utilizados pela psicologia para avaliar, diagnosticar e tratar pacientes com perturbações emocionais. Além disso, recorre-se a essas técnicas quando os respondentes não respondem de forma satisfatória a algumas questões, como, por exemplo não apresentam justificativas para determinados comportamentos e atitudes, ou não deixam claro o que o ato de comprar, possuir ou utilizar um produto representa para eles.

> As pessoas podem não estar conscientes de seus próprios sentimentos ou dispostas a admitir ou mencionar informações que talvez firam sua autoimagem. Além disso, podem ser

demasiadamente polidas para críticas em relação ao entrevistador (Malhotra, 2011; Churchill Junior; Brown; Suter, 2011; Mattar, 2012).

Malhotra (2011) relata que as técnicas projetivas podem ser utilizadas nas seguintes ocasiões:

» Quando a informação desejada não pode ser obtida com precisão por métodos diretos.
» Na pesquisa exploratória, para proporcionar entendimento e compreensão iniciais.

As técnicas projetivas muitas vezes utilizam associação de palavras; completamento de frases, sentenças ou histórias; estímulo na construção de resposta; ou, ainda, técnicas expressivas. Veja a seguir a explicação de cada uma delas.

Técnicas de associação

Um estímulo é apresentado ao indivíduo, que deve responder com a primeira palavra que lembrar. A associação de palavras é a técnica mais conhecida, durante a qual as "palavras-teste" são intercaladas com "palavras neutras", objetivando dissimular o propósito do estudo. Por exemplo: um pesquisador está realizando um estudo sobre a relação do indivíduo com uma determinada marca de jeans; assim, poderia usar as seguintes palavras-teste para a associação: *marca, jeans, ocasiões de uso, modelos*, intercaladas às seguintes palavras neutras: *carro, margarina* e *cabelo*. O entrevistador lê a palavra e pede que o participante diga as primeiras palavras que recordar. A lista é lida rapidamente, evitando que os mecanismos de defesa entrem em ação. As respostas para cada termo-chave são registradas uma a uma, e mais tarde analisadas em busca de um significado. Essa análise ocorre calculando a frequência com que cada palavra é dada, o tempo decorrido até que seja dada uma resposta e o número de entrevistados que não responderam a qualquer palavra-teste dentro de um lapso razoável de tempo.

Geralmente, podemos classificar as associações como *favoráveis*, *desfavoráveis* e *neutras* (Malhotra, 2011; Churchill Junior; Brown; Suter, 2011; Aaker; Kumar; Day, 2004). Leia o exemplo da aplicação da técnica de associação de palavras.

> A associação de palavras foi usada para estudar as atitudes das mulheres em relação aos detergentes. A seguir, apresentamos uma lista de palavras de estímulo usadas e as respostas de duas mulheres de mesma idade e situação familiar. Os conjuntos de respostas são muito diferentes, o que sugere que as respondentes diferem tanto na personalidade quanto nas atitudes acerca do trabalho doméstico. As associações da sra. M. sugerem que ela está conformada com a sujeira, vendo-a como inevitável, e não deseja fazer muito para mudar tal situação; ela não faz limpezas pesadas nem recebe o reconhecimento de sua família. A outra respondente, a sra. C, também vê a sujeira, mas é enérgica, decidida e menos emocional; está sempre pronta para combatê-la e utiliza sabão e água como armas.

Estímulo	Sra. M	Sra. C
dia de lavar	todo dia	passar roupa
fresco	doce	limpo
puro	ar	manchado
esfregar	não; o marido faz	limpeza
sujeira	esta vizinhança	sujo
bolhas	banho	sabão e água
família	discussões	crianças
toalhas	sujeira	lavar

Esses resultados sugerem que o mercado de detergentes pode ser segmentado com base em atitudes. Em 2009, a P&G era a líder de mercado de detergentes para roupas e oferecia diversas marcas. Constatações de pesquisas similares àquelas apresentadas anteriormente ajudaram a P&G a posicionar melhor as várias marcas, o que aumentou as vendas.

Fonte: Adaptado de Malhotra, 2011, p. 166.

A técnica de associação pode também ser utilizada em testes controlados, como perguntar ao respondente: "Que marcas de carros lhe vêm à mente quando se fala em segurança?".

Vale ressaltar que, muitas vezes, o participante da pesquisa pode responder com uma, duas, três e, até mesmo, com as quatro primeiras palavras que vierem a sua mente.

Técnicas de completamento

As técnicas mais comuns são o completamento de uma sentença e o completamento de um relato.

No primeiro caso, o pesquisador apresenta ao participante uma sentença e lhe pede que a complete, a fim de formar uma frase. Geralmente, é solicitado que o participante diga os primeiros pensamentos que vierem à sua mente, sendo as palavras registradas uma a uma para serem analisadas mais tarde.

No segundo caso, o pesquisador conta a um respondente parte de uma história, o suficiente para lhe chamar a atenção para determinado assunto, mas não a ponto de sugerir o fim. A conclusão da história deve feita pelos entrevistados, que poderão manifestar emoções e sentimentos (Malhotra, 2011; Churchill Junior; Brown; Suter, 2011; Aaker; Kumar; Day, 2004).

A seguir, conheceremos dois exemplos da técnica de completamento. No primeiro caso, o pesquisador sugere que o respondedor complete as sentenças; no segundo, após narrar parte de uma história, o pesquisador faz as perguntas que serão uma possível conclusão para a história narrada.

1. Conclusão de sentenças

Uma pessoa que compra no *shopping* Crystal é

_____.

Uma pessoa que se filia ao clube da melhor idade Nissei é

_____.

Quem usa NIKE é

_____.

2. Complemento da história

Um adolescente estava se dirigindo a uma loja do McDonald's para fazer um lanche. Próximo da entrada, ele viu um grupo de amigos que costumavam questionar a qualidade dos alimentos servidos pela empresa. Os amigos se aproximaram dele e perguntaram: "Você vai lanchar no McDonald's?". Qual será a resposta do adolescente? Por quê?

Técnicas de construção

Solicita-se que entrevistado elabore uma resposta em forma de história, diálogo ou descrição, com base em figuras que lhe são apresentadas, uma vez que tais técnicas utilizam a interpretação de figuras (fotografias ou desenhos) e a resposta advém da imagem. As ilustrações podem conduzir, de alguma forma, a percepções – *insights* relevantes a respeito do problema em questão. Essa técnica é muito flexível, pois a figura pode ser adaptada para vários tipos de problemas de marketing.

Já no teste de cartum, tipo de técnica de construção, o pesquisador apresenta os personagens de um desenho em situações específicas, pautadas no problema que precisa ser investigado, e o entrevistado deve indicar a resposta que uma personagem do cartum poderia dar à outra (Malhotra, 2011; Churchill Junior; Brown; Suter, 2011; Aaker; Kumar; Day, 2004). A Figura 2.8 retrata um exemplo desse teste.

Figura 2.8 – Exemplo de teste de cartum

Vamos conhecer a nova loja do Madero no shopping Barigui?

Técnicas expressivas

Apresenta-se aos participantes uma situação verbal ou visual, e, em seguida, o pesquisador pede que eles exponham as sensações e as atitudes de outras pessoas em relação a essa situação. Os entrevistados não devem expressar as próprias sensações ou atitudes, mas as dos outros. As duas principais técnicas expressivas são:

1. **Desempenho de um papel** – O participante deve assumir o comportamento de outra pessoa. O pesquisador faz perguntas a ele referindo-se a "uma pessoa comum" ou "pessoas como você", ou mesmo pergunta como ele próprio, o respondente, reagiria naquela situação.

2. **Técnica da terceira pessoa** – O pesquisador apresenta ao respondente uma situação verbal ou visual e pede a ele que narre crenças e atitudes pessoais, questionando como seu amigo, vizinho ou qualquer outra pessoa reagiria à determinada situação. O pesquisador, então, pode observar que a projeção feita sobre esse terceiro revela, na verdade, os sentimentos e as opiniões pessoais do respondente (Malhotra, 2011; Churchill Junior; Brown; Suter, 2011; Aaker; Kumar; Day, 2004).

Veja, a seguir, um exemplo de aplicação da técnica expressiva.

> Uma empresa aérea realizou um estudo para entender por que algumas pessoas não viajam de avião. Quando os pesquisadores perguntaram aos entrevistados "Você tem medo de viajar de avião?", poucos responderam que sim; a maioria apresentou como principais justificativas os custos, a inconveniência e a demora devido ao mau tempo. O pesquisador suspeitou que, na verdade, os respondentes eram influenciados pela necessidade de dar respostas socialmente aceitáveis. A empresa decidiu, então, realizar outro estudo, utilizando agora a técnica da terceira pessoa. A pergunta foi reformulada e passou a ser: "Você acha que seu vizinho tem medo de viajar de avião?". As respostas indicaram que a maioria dos "vizinhos" que viajavam utilizando outros meios de transporte tinha medo de avião. Assim, o uso da técnica conseguiu comprovar que o medo era o verdadeiro motivo.

Fonte: Adaptado de Malhotra, 2006, p. 127.

As entrevistas de profundidade e os grupos focais são empregados com mais frequência que as técnicas projetivas, exceto a associação de palavras, comumente utilizada para testar os nomes das marcas e, de vez em quando, para medir atitudes sobre produtos específicos, marcas, embalagens ou propagandas.

Para que você possa analisar a aplicação dos conceitos vistos até aqui, leia o estudo realizado pela United Airlines, que objetivou conhecer os fatores que influenciam a fidelidade dos clientes de linhas aéreas. Ao longo da leitura, tente identificar as pesquisas realizadas para alcançar os objetivos propostos.

Estudo de caso

A empresa aérea United Airlines, após os ataques terroristas de 11 de setembro de 2001, assim como outras empresas do setor, enfrentou problemas relacionados à fidelidade de seus clientes: Como atrair mais passageiros que se mantivessem fiéis à companhia? O problema de pesquisa era conhecer os fatores que influenciam a fidelidade dos clientes de linhas aéreas. Uma primeira alternativa de ação seria melhorar o atendimento, mas a análise dos resultados de uma pesquisa exploratória revelaram que os clientes são influenciados pelos seguintes fatores: segurança, preço da passagem, programa de fidelidade, conveniência de horário e marca.

Analisando a concorrência, verificaram que os clientes, antes de optarem por determinada empresa aérea, avaliavam as empresas concorrentes considerando como critérios alguns serviços, como horários, atendimento e tarifas. Contudo, as companhias concorrentes ofereciam esses serviços de modo semelhante. Então, como a United Airlines poderia se diferenciar das demais? A resposta estava nas refeições.

Dados secundários sobre tendências correntes e futuras da indústria de alimentos para empresas aéreas indicavam que o serviço de refeições influenciava bastante a fidelidade do cliente. Além disso, a pesquisa ressaltava a importância da marca dos alimentos, ou seja, os clientes queriam alimentos mais variados e frescos. Sendo assim, a empresa formulou as seguintes questões e hipóteses de pesquisa.

» **Questão de pesquisa**: Quão importante é a comida para clientes de companhias aéreas?
» **Hipótese 1**: A comida é um fator importante para os passageiros de empresas aéreas.
» **Hipótese 2**: Os passageiros valorizam alimentos de marca conhecida.
» **Hipótese 3**: Os passageiros preferem porções maiores, mas que tenham boa qualidade.
» **Hipótese 4**: Os passageiros preferem alimentos exóticos.

As atividades realizadas ajudaram a United Airlines a formular o problema e planejar a pesquisa de mercado. Foram realizados grupos focais e pesquisas para verificar as percepções dos clientes no que diz respeito à comida servida nos voos da empresa. Os resultados confirmaram todas as hipóteses. Sendo assim, a United promoveu mudanças: novos cardápios, porções maiores de alimentos, novo café e produtos de marca, o que resultou na melhora do atendimento e, consequentemente, aumentou a satisfação dos clientes e estimulou a fidelidade.

Fonte: Adaptado de Malhotra, 2006, p. 77.

Observe que a empresa recorreu a diferentes abordagens para chegar ao objetivo proposto. Por meio da pesquisa exploratória, a United Airlines percebeu que os passageiros eram influenciados pelas variáveis segurança, preço da passagem, programa de fidelidade, conveniência dos horários e marca, mas a análise de um modelo gráfico indicou que as empresas atuavam de modo muito parecido nessas questões.

Então, a empresa avaliou os dados secundários, que indicaram a refeição como variável que influencia a fidelidade do cliente; com base nisso, a empresa formulou a questão, as hipóteses e a abordagem de pesquisa para a aplicação de uma pesquisa quantitativa.

Referente a esse estudo, reflita sobre as seguintes questões:

1. Qual o problema de pesquisa enfrentado pela empresa United Airlines?
2. A análise dos dados secundários realmente ajuda o pesquisador a entender o problema de pesquisa?
3. As hipóteses descritas pela empresa são suficientes para responder ao problema enfrentado pela empresa ou você formularia outras? Se sim, quais?

Síntese

O processo de pesquisa de mercado inicia-se com a formulação do problema, para, em seguida, o pesquisador planejar a pesquisa, coletar os dados, prepará-los, analisá-los e, finalmente, apresentar os resultados.

O primeiro passo do processo de pesquisa é a formulação do problema, composta pelas seguintes atividades: discutição do problema com o tomador de decisão; realização de entrevistas com especialistas do setor; análise de dados necessários e, se necessário, realização de pesquisas qualitativas. Além disso, o pesquisador deve formular o objetivo da pesquisa, a questão problema e as hipóteses de pesquisa de mercado. Após a identificação do problema, é o momento de planejar a pesquisa. Na primeira etapa, o pesquisador determina se irá utilizar no processo a pesquisa exploratória ou a conclusiva, lembrando ainda que, se optar pela segunda, deverá escolher entre pesquisa descritiva ou causal. Em seguida, o pesquisador decide se utilizará dados primários, secundários ou ambos. Se optar por utilizar dados primários, é preciso escolher entre dados qualitativos, quantitativos ou ambos.

Por fim, conhecemos os três tipos de pesquisas qualitativas mais utilizadas em pesquisa de mercado: grupo focal, entrevista de profundidade e técnicas projetivas.

Questões para revisão

1. Diferencie pesquisa exploratória de pesquisa conclusiva.
2. Qual deve ser a ordem para a procura de dados em pesquisa de mercado? Justifique sua resposta.

3. Assinale as alternativas que apontam as vantagens de se utilizarem os dados secundários:
   a. Identificação do problema.
   b. Resolução do problema.
   c. Melhor compreensão do problema de pesquisa.
   d. Formulação de um modelo de pesquisa apropriado.

4. Uma empresa decide lançar um novo sabor de suco, cupuaçu, na cidade de Curitiba, e, para isso, realizará uma pesquisa de mercado. Assinale a alternativa que melhor expressa o objetivo geral da pesquisa:
   a. Identificar a aceitação do suco de cupuaçu pela população de Curitiba.
   b. Qual a aceitação do suco sabor cupuaçu pela população de Curitiba?
   c. Qual o sabor de suco preferido pela população de Curitiba?
   d. Identificar o sabor de suco preferido pela população de Curitiba.

5. Os dados coletados para uma pesquisa podem ser classificados em primários ou secundários. As fontes de dados primárias ou diretas são as portadoras de dados brutos, ou seja, dados que nunca foram coletados, tabulados e analisados. As fontes secundárias ou indiretas são as que dispõem de dados que já foram coletados, tabulados e analisados. Abaixo estão listadas diversas fontes. Assinale 1 quando for uma fonte de dado primária e 2 quando for uma fonte de dado secundária:

( ) Revistas.

( ) Consumidores.

( ) Relatórios de pesquisas.

( ) Jornais.

( ) Dados do Instituto Brasileiro de Geografia e Estatística (IBGE).

( ) Alunos.

( ) Telespectadores.

Para saber mais

Para entender a aplicação de uma pesquisa exploratória por meio de dados secundários disponíveis nos meios de comunicação, leia o artigo disponível no *link* a seguir:

CAMARGO, S. M. et al. Cultura da marca: estratégia ou acaso? *Revista Ciências Administrativas*, Fortaleza, v. 17, n. 3, p. 946-972, set./dez. 2011. Disponível em: <http://www.unifor.br/images/pdfs/cca/v17_n3_artigo12.pdf>. Acesso em: 23 mar. 2013.

Para entender um pouco mais sobre técnicas projetivas, leia o artigo disponível no seguinte *link*:

FRANCISCO-MAFEZZOLLI, E. C. et al. Reflexões sobre o uso de técnicas projetivas na condução de pesquisas qualitativas em marketing. *Revista Brasileira de Pesquisas de Marketing, Opinião e Mídia*, [S. l.], n. 3, p. 37-48, set. 2009. Disponível em: <http://www.revistapmkt.com.br/Portals/9/Edicoes/Revista_PMKT_003_04.pdf>. Acesso em: 17 abr. 2013.

capítulo 3
pesquisa conclusiva

Conteúdos do capítulo

» Dados primários quantitativos.
» Método de pesquisa descritiva.
» Método de pesquisa causal.

Após o estudo deste capítulo, você será capaz de:

1. compreender as técnicas de pesquisa descritiva;
2. entender o método de levantamento de campo;
3. conhecer os tipos de técnicas de observação;
4. entender o que é um experimento.

No capítulo anterior, você conheceu as principais técnicas de pesquisas qualitativas utilizadas pelo marketing. Neste capítulo, apresentaremos as principais técnicas de pesquisa descritivas utilizadas na pesquisa de mercado. Inicialmente, abordaremos o método de levantamento de campo e, em seguida, as técnicas de observação. Por fim, conheceremos uma técnica da pesquisa causal denominada *experimento*.

Dados primários quantitativos

Conforme vimos no Capítulo 2, a pesquisa de mercado pode utilizar dados secundários e primários, sendo aconselhável que o pesquisador primeiramente busque os dados secundários e, depois, os dados primários, lembrando, porém, que ambos têm vantagens e desvantagens em sua utilização. Também exploramos como tema os dados primários qualitativos e os tipos de abordagens, que pode ser direta ou indireta. Agora veremos mais detalhadamente o levantamento dos dados quantitativos, que podem ser obtidos por meio de pesquisas descritivas ou causais.

Método de pesquisa descritiva

A pesquisa descritiva busca descrever geralmente características ou funções de mercado. Há dois tipos de pesquisa descritiva: **levantamento de campo** (*survey*) e **observação**. Conheceremos a seguir as características de cada um deles.

Levantamento de campo

Também chamado survey ou enquete, o levantamento de campo é utilizado para coletar uma grande variedade de informações acerca dos mais diversos assuntos e temas. Esse método, utilizado para a obtenção de informações, baseia-se em questionar os participantes sobre comportamento, intenções, atitudes, percepções, motivações, características demográficas e estilo de vida. As perguntas e as respostas podem ser formuladas verbalmente, por escrito ou via eletrônica.

O questionário é estruturado visando certa padronização no processo de coleta de dados; portanto, as perguntas e as categorias de respostas são predeterminadas (Malhotra, 2011; Aaker; Kumar; Day, 2004; Churchill Junior; Brown; Suter, 2011).

De acordo com Malhotra (2011), Aaker, Kumar e Day (2004), Churchill Junior, Brown e Suter (2011), o levantamento de campo apresenta algumas vantagens, tais como:

- » aplicação simples;
- » representatividade da população em estudo, pois a amostra é gerada por meio de métodos probabilísticos;
- » confiabilidade dos dados obtidos, visto que as respostas ficam limitadas às alternativas mencionadas;
- » redução da variabilidade dos resultados causada pelas diferenças entre os entrevistadores em razão do uso de respostas fixas;
- » relativa simplicidade na decodificação, análise e interpretação dos dados;
- » utilização em praticamente todas as situações, com adaptação aos objetivos de pesquisas tanto descritivas quanto causais.

Por outro lado, Malhotra (2011) relata que esse método também apresenta algumas desvantagens, por exemplo:

- » os respondentes podem ser incapazes de dar a informação desejada ou ficar relutantes quanto a isso;
- » os respondentes podem não estar conscientes dos motivos das suas escolhas e, sendo assim, não têm condições de dar respostas precisas sobre elas;
- » as questões estruturadas e as alternativas de respostas fixas podem resultar em perda da validade para certos tipos de dados, como crenças e sensações;

» pode haver dificuldade na formulação adequada de perguntas.

A abordagem por levantamento é o método mais comum de coleta de dados primários em pesquisa de marketing. Agora que conhecemos o conceito desse método, passaremos à explicação de como ele se classifica.

Classificação dos métodos de levantamento de campo

Malhotra (2011), Aaker, Kumar e Day (2004), Churchill Junior, Brown e Suter (2011) classificam os métodos de diversas formas. A Figura 3.1 ilustra os quatro tipos mais comuns (telefônicos, pessoais, postais e eletrônicos), os quais serão explicados em seguida.

Figura 3.1 – Métodos de levantamento de campo

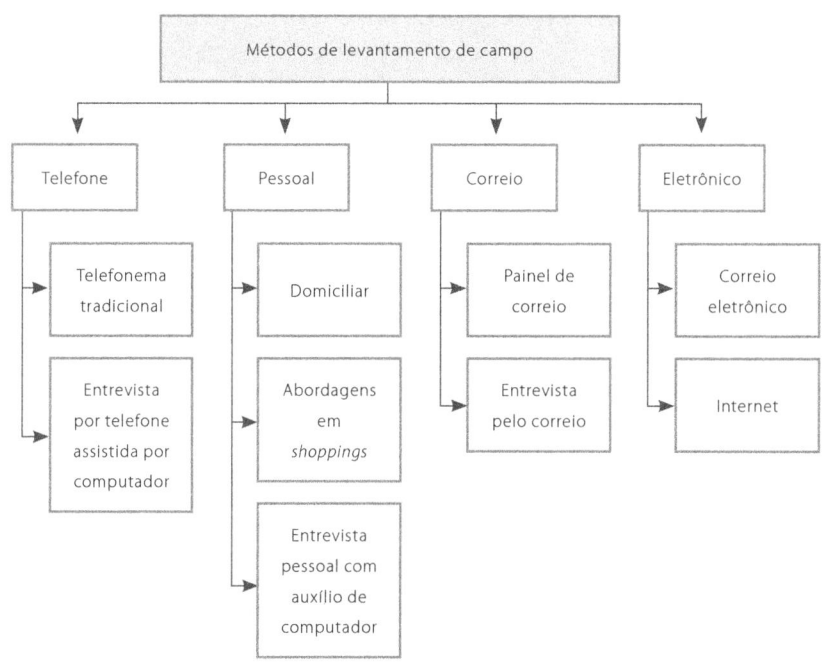

```
                    Métodos de levantamento de campo
                                │
        ┌───────────────┬───────┴───────┬───────────────┐
     Telefone        Pessoal         Correio         Eletrônico
        │               │               │                │
   Telefonema       Domiciliar      Painel de         Correio
   tradicional                       correio         eletrônico
        │               │               │                │
   Entrevista       Abordagens      Entrevista        Internet
   por telefone        em          pelo correio
   assistida por    shoppings
   computador
                        │
                   Entrevista
                   pessoal com
                   auxílio de
                   computador
```

Fonte: Adaptado de Malhotra, 2011, p. 136.

» **Métodos telefônicos** – O entrevistador entra em contato por telefone com uma amostra de entrevistados para questioná-los sobre o tema pesquisado. As respostas podem ser registradas em um questionário impresso em papel ou assistidas por computador, isto é, são registradas em um questionário cadastrado, em *software* de pesquisa ou mesmo em uma planilha eletrônica. Leia, a seguir, um exemplo de pesquisa de mercado realizada por telefone.

> A Pizza Hut, em 1995, iniciou uma pesquisa de satisfação do cliente, por meio de dados coletados em um levantamento de campo por telefone. Os clientes são selecionados pelo banco de dados para *delivery* e o contato é estabelecido em um período de 24 horas após a compra. As pesquisas duram em média 4 minutos, com um intervalo de 60 dias antes de uma nova abordagem. O levantamento de campo focou questões controláveis pelo gerente, como o serviço prestado, a comida e os problemas durante a última visita do cliente. Os resultados mostraram que haviam problemas de serviços, o que justificava os clientes novos não efetuarem compras repetidas.
>
> Em resumo, os dados do levantamento de campo têm sido úteis e, como resultado, a satisfação do cliente está sempre melhorando.

Fonte: Adaptado de Malhotra, 2006, p. 138.

» **Métodos pessoais** – Envolvem a conversa direta do entrevistador, geralmente na residência do participante ou em um local mais adequado para o entrevistado. O pesquisador entra em contato com o entrevistado e marca a entrevista, durante a qual as respostas deste são registradas. As entrevistas pessoais em domicílio geram alto custo, razão pela qual sua utilização vem sendo reduzida.

» **Intercepções em *shopping*** – Constituem outro método de entrevista pessoal. O pesquisador intercepta as pessoas em um *shopping* e solicita a elas que participem do estudo. Há ainda a entrevista pessoal assistida por computador, quando o entrevistado se senta em frente a um terminal de computador e responde a um questionário eletrônico. Para melhor compreensão, leia, a seguir, um exemplo de pesquisa de mercado utilizando a interceptação em *shopping*.

Para analisar a influência da qualidade percebida, dos valores de consumo e das emoções na satisfação de usuários de *shopping*, uma pesquisadora realizou um estudo em um grande *shopping* de Curitiba.

A pesquisa foi realizada durante 12 dias ininterruptos, divididos em dois turnos: vespertino (das 12 às 17 horas) e noturno (das 17 às 22 horas). Em cada turno havia sempre dois aplicadores no *shopping*, totalizando quatro aplicadores por dia. Aplicaram-se aproximadamente 16 questionários por turno, totalizando uma média de 32 por dia. Contudo, em alguns dias se aplicaram 18 questionários por turno, totalizando, ao final, 392 questionários válidos. Assim que o visitante entrava no

> *shopping*, era convidado a responder ao questionário; aqueles que aceitavam o convite, recebiam um vale-estacionamento como "prêmio" por colaborar com a pesquisa.

Fonte: Lima, 2013.

» **Métodos postais** – Neste caso, os questionários são enviados para o entrevistado, previamente definido, via correio. Geralmente a empresa remete um envelope com uma carta explicativa, os questionários, o envelope para retorno e, se necessário, um incentivo. A desvantagem da técnica é a falta de contato verbal ou pessoal entre o pesquisador e o pesquisado.

Outra técnica utilizada são os painéis postais, que exigem uma grande quantidade de pessoas participando de questionários postais periódicos, testes de produto e pesquisas telefônicas. Leia, a seguir, um exemplo de pesquisa de mercado utilizando painéis postais.

> A revista *Seventeen* – publicação americana para adolescentes – realizou um estudo com o objetivo de conhecer os hábitos de compras dos seus leitores. Para isso, enviou questionários a 2 mil membros do painel de consumidores da publicação, que representava um perfil do mercado feminino na faixa etária de 13 a 21 anos. Foram devolvidos 1.315 questionários, ou seja, houve uma taxa de retorno de 65,8%. Os principais resultados obtidos foram que:
> » nove entre dez consumidoras fazem compras em grandes *shoppings*;

> quase dois terços fazem compras em pequenos *shoppings*;
> mais da metade faz as compras em um único estabelecimento.

A revista utilizou os resultados para atrair anunciantes e obter maior receita com os anúncios.

Fonte: Malhotra, 2011.

> **Métodos eletrônicos** – Por meio da compra de um *mailing* ou indicação de amigos, por exemplo, o pesquisador consegue uma lista de endereços de *e-mail*. Utilizando os dados da lista, ele escreve uma mensagem (no corpo do *e-mail* ou em um arquivo anexo) apresentando a pesquisa e convidando a pessoa a responder ao questionário enviado. Se tiver interesse, o participante responde, enviando-o de volta posteriormente.

Os levantamentos pela internet, por sua vez, utilizam a HTML (linguagem para criação de páginas na *web*) e são realizados em um *site*. Os entrevistados podem ser recrutados por um *e-mail* que os direciona ao *site* a fim de que respondam ao questionário. Eles podem também ser convidados por meio de métodos convencionais, como correio ou telefone. Esse método está se popularizando, pois atualmente as pessoas têm mais acesso à internet.

Há empresas que oferecem serviços de pesquisas *on-line*, entre as quais, muitas disponibilizam assistência técnica no formato e na análise da pesquisa, junto com a coleta de dados básicos.

Observe, na Figura 3.2, um exemplo de pesquisa de mercado utilizando entrevistas pela internet.

Figura 3.2 – Exemplo de entrevista pela internet

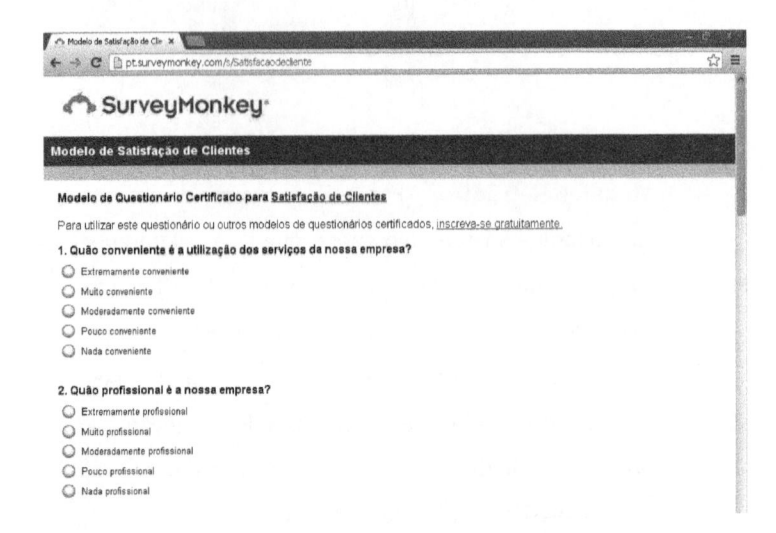

Fonte: Survey Monkey, 2013.

Vimos que, conforme apresentado na Figura 3.1, as pesquisas podem ser feitas por telefone e assistidas por computador; na casa do entrevistado; na interceptação em shopping (entrevistas pessoais); pelo correio; utilizando painéis postais; por *e-mail* ou via internet (entrevistas eletrônicas).

No Quadro 3.1, podemos verificar uma comparação entre os tipos de métodos aplicados, cujos critérios estão relacionados a diversos fatores, como flexibilidade da coleta de dados, diversidade de questões e utilização de estímulos físicos. Observe que esses critérios sofrem variação (baixo, moderado ou alto), dependendo do método de levantamento de campo em que a pesquisa é realizada.

Quadro 3.1 – Avaliação comparativa dos métodos de levantamento de campo

Critérios	Entrevista telefônica assistida por computador	Entrevista em domicílio ou shoppings	Entrevista pessoal assistida por computador	Pesquisas pelo correio	Painéis postais	E-mail	Internet/Web
Flexibilidade da coleta de dados	Moderado a alto	Alto	Moderado a alto	Baixo	Baixo	Baixo	Moderado a alto
Diversidade de questões	Baixo	Alto	Alto	Moderado	Moderado	Moderado	Moderado a alto
Utilização de estímulos físicos	Baixo	Moderado a alto	Alto	Moderado	Moderado	Baixo	Moderado
Controle de amostras	Moderado a alto	Potencial alto	Moderado	Baixo	Moderado a alto	Baixo	Baixo a moderado
Controle do ambiente de coleta de dados	Moderado	Moderado a alto	Alto	Baixo	Baixo	Baixo	Baixo
Controle da força de campo	Moderado	Baixo	Moderado	Alto	Alto	Alto	Alto
Quantidade de dados	Baixo	Alto	Moderado	moderado	Alto	Moderado	Moderado
Taxa de resposta	Moderado	Alto	Alto	Baixo	Moderado	Baixo	Muito baixo
Anonimato do entrevistado	Moderado	Baixo	Baixo	Alto	Alto	Moderado	Alto
Conveniência social	Moderado	Alto	Moderado a alto	Baixo	Baixo	Moderado	Baixo
Obtenção de informações delicadas	Alto	Baixo	Baixo a moderado	Alto	Moderado a alto	Moderado	Alto
Potencial de tendenciosidade do entrevistador	Moderado	Alto	Baixo	—	—	—	—
Velocidade	Alto	Moderado	Moderado a alto	Baixo	Baixo a moderado	Alto	Muito alto
Custo	Moderado	Alto	Moderado a alto	Baixo	Baixo a moderado	Baixo	Baixo

Fonte: Malhotra, 2011, p.186.

É importante você perceber que nenhum procedimento que descrevemos é ideal ou apropriado para todas as situações; o próprio problema de pesquisa auxiliará o pesquisador a escolher uma das abordagens em detrimento de outra. Vale lembrar que também é possível ocorrer a combinação de abordagens, o que talvez seja mais interessante e produtivo. Por exemplo: uma empresa farmacêutica líder de mercado viu sua participação no mercado despencar com a entrada de uma concorrente; em resposta à pressão competitiva, ela resolveu conduzir um estudo abrangente sobre as decisões dos médicos na escolha dos medicamentos. Para realizar a coleta de dados, o pesquisador utilizou entrevistas realizadas pessoalmente e por telefone (Churchill Junior; Brown; Suter, 2011).

Observação

A pesquisa descritiva também pode ser realizada por meio da **observação**. Observar faz parte do nosso cotidiano, uma vez que constantemente observamos pessoas e eventos a fim de obter informações sobre acontecimentos a nossa volta.

Os métodos de observação fornecem informações acerca do comportamento real; é o registro sistemático dos padrões comportamentais de pessoas, objetos e eventos com a finalidade de investigar os fenômenos de interesse do pesquisador, mas, nesse caso, não há comunicação entre o pesquisador e o pesquisado nem sequer questionamentos e respostas orais ou escritas (Malhotra, 2011; Aaker; Kumar; Day, 2004; Churchill Junior; Brown; Suter, 2011).

Veja, a seguir, um exemplo de pesquisa de observação.

> Enquanto pesquisadores observavam, por meio de câmeras, os clientes comprando comida para cachorro, perceberam que os adultos se concentravam na compra da ração, enquanto as crianças e os idosos preferiam comprar mimos para seus cães. No entanto, como esses produtos ficavam expostos nas partes mais altas das prateleiras, o alcance era dificultado. Quando o vendedor colocou os produtos em um lugar mais acessível, a venda deles aumentou.

Fonte: Adaptado de Churchill Junior; Brown e Suter, 2011.

Os métodos de observação podem ser **estruturados** e **não estruturados**. No primeiro caso, o pesquisador define claramente o problema de pesquisa, os comportamentos a serem observados e os métodos pelos quais serão avaliados ou medidos. No segundo caso, a observação requer que o pesquisador monitore todos os fenômenos relevantes, sem especificar antecipadamente os detalhes, o que ocorre em pesquisas em que o problema e os objetivos não estão claramente definidos e, por isso, há a necessidade de uma ampla flexibilidade para analisar os comportamentos e as situações observados (Malhotra, 2011; Churchill Junior; Brown; Suter, 2011).

A observação também pode ser **natural** – ou seja, ocorrer sem a intervenção no ambiente – e, nesse caso, utilizada para obter *insights* sobre comportamentos e outros aspectos relativos à pesquisa, por exemplo, na avaliação da eficiência de uma embalagem. Essa condição indica que o comportamento observado deverá ocorrer da forma mais natural possível.

A observação ainda pode ser **planejada**. Na aplicação desse método, o comportamento dos entrevistados é observado em um ambiente artificial, por exemplo, em uma cozinha-teste. Recomenda-se que essa técnica seja utilizada quando não for possível a observação natural, ou quando esta for muito dispendiosa (Malhotra, 2011; Churchill Junior; Brown; Suter, 2011).

Finalmente, a observação pode ser **disfarçada**. Na aplicação do método, os participantes não sabem que estão sendo observados. Dessa forma, eles se comportam naturalmente, visto que as pessoas tendem a mudar seu comportamento quando sabem que estão sendo espreitadas. Para efetuar a observação disfarçada, o pesquisador pode utilizar espelhos, câmeras ocultas ou simular ser cliente, balconista, vendedor etc.[1]

A seguir, conheceremos um exemplo da aplicação do método aqui explanado.

> Considere um estudo para investigar como as clientes de uma farmácia escolhem determinada marca de xampu entre várias opções disponíveis. Para isso, seria interessante solicitar aos observadores que se posicionassem em uma ponta do corredor da farmácia e descrevessem o comportamento da pessoa observada, gerando, por exemplo, o seguinte registro:
>
> "A cliente, permaneceu em frente à prateleira em que havia o xampu da marca X, analisou atentamente a embalagem, segurou-a, retirou a tampa, aspirou a fragrância e colocou o

---

[1] A observação também pode ser *não disfarçada*, caso em que os entrevistados sabem que estão sendo observados (Malhotra, 2011; Aaker; Kumar; Day, 2004; Churchill Junior; Brown; Suter, 2011).

frasco novamente na prateleira. Apanhou o produto da marca Y, observou a embalagem e o preço e recolocou-o no lugar. Por último, segurou um da marca Z, olhou o preço, leu o rótulo e colocou-o de volta na prateleira. Em seguida, manteve-se parada, apanhou novamente o frasco da marca Y, depositou-o no cesto de compras e se dirigiu a outra prateleira para escolher sabonetes".

Também é possível solicitar aos observadores que efetuem o registro de algumas variáveis de interesse em um formulário. Veja um exemplo:

Número do registro: _____
Sexo: ( ) Feminino ( ) Masculino
Primeira marca de xampu selecionada:
( ) W ( ) X ( ) Y ( ) Z ( ) Outra. Qual? _____
Total de marcas de xampu selecionadas para avaliação:
_____

Marca selecionada:
( ) W ( ) X ( ) Y ( ) Z ( ) Outra. Qual? _____
Tempo em frente à prateleira de xampu: _____

Note que, no primeiro caso, o pesquisador registra com suas próprias palavras o comportamento do cliente, enquanto no segundo as perguntas são previamente formuladas, ou seja, o pesquisador segue um roteiro com critérios predefinidos.

Com base nisso, na sequência explicaremos os métodos de observação segundo o modo de aplicação, apresentando os pontos relevantes desse estudo.

OBSERVAÇÃO SEGUNDO O MODO DE APLICAÇÃO

Citamos anteriormente que a observação pode ser de três tipos: estruturada ou não estruturada, disfarçada ou não disfarçada e natural ou planejada. Mas ela também pode ser classificada de acordo com o **método de aplicação**, conforme mostra a Figura 3.3.

Figura 3.3 – Métodos de observação

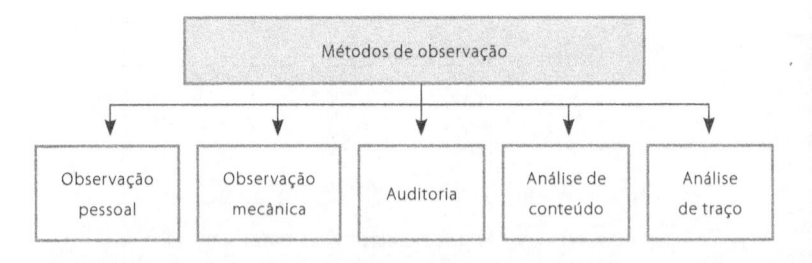

```
                    Métodos de observação
         ┌─────────┬─────────┬─────────┬─────────┐
    Observação  Observação  Auditoria  Análise de  Análise
     pessoal    mecânica               conteúdo   de traço
```

Fonte: Malhotra, 2011, p. 194.

Como vemos na Figura 3.3, são basicamente cinco as possibilidades de técnicas de observação em relação ao modo de aplicação: observação pessoal, observação mecânica, auditoria, análise de conteúdo e análise de traço, as quais serão explicadas a seguir.

» **Observação pessoal** – O pesquisador observa o comportamento exatamente como acontece, procurando não controlar ou manipular o fenômeno observado.

O estudo para investigar como as clientes de uma farmácia decidem comprar uma determinada marca de xampu apresentado anteriormente é um exemplo de observação pessoal.

» **Observação mecânica** – Dispositivos mecânicos registram o fenômeno que está sendo observado, o que poderá ou não exigir a participação direta do entrevistado.

Como exemplos, podemos citar as portas giratórias que registram a quantidade de pessoas que entraram e saíram dos estabelecimentos e as câmeras usadas para filmar o comportamento de compra dos clientes – casos que não exigem a participação direta do cliente. Por outro lado, o analisador de tom de voz e o pupilômetro são dois exemplos de dispositivos que exigem a participação direta do entrevistado.

A observação do comportamento de compra de alimentos para cachorros, descrita anteriormente, é um exemplo de observação mecânica.

» **Auditoria** – O pesquisador coleta dados examinando os registros físicos ou analisando, por exemplo, o inventário das marcas e as quantidades e os tamanhos de embalagem na residência de um consumidor.

Vejamos a seguir um exemplo da aplicação de auditoria.

Uma atividade importante de pesquisa de mercado é verificar, no trajeto entre o fabricante e o consumidor, onde está o produto. A indústria de computadores pessoais enfrentou esse problema, pois ninguém tinha certeza de quais computadores estavam sendo realmente comprados e quais ficavam no estoque. Com os dados disponíveis, não era possível rastrear com precisão o percurso dos computadores por meio dos vários canais. Para contornar tal situação, a Nielsen Company entrou em acordo com as principais cadeias de computadores, a fim de destacar grupos de auditores para fazer um inventário físico e determinar quem estava comprando os computadores. A auditoria forneceu informações sobre as vendas a varejo das diversas marcas de computadores pessoais e sobre sua movimentação nos canais de distribuição.

Fonte: Adaptado de Malhotra, 2011.

» **Análise de conteúdo** – Envolve a descrição objetiva, sistemática e quantitativa do conteúdo real de uma comunicação, por meio de regras aplicadas cuidadosamente. Nesse caso, o pesquisador pode utilizar como unidade de análise palavras, caracteres, temas, medidas de espaço e de tempo e assuntos da mensagem, por exemplo.

Essa técnica é utilizada para observação e análise de conteúdo de anúncios, artigos de jornal, programas de rádio ou TV, entre outros. É um método indicado para aqueles casos em que o fenômeno a ser observado é a comunicação, e não um comportamento ou objetos físicos.

O exemplo a seguir ilustra uma análise de conteúdo que considerou informações de revistas americanas e japonesas e avaliou se os anúncios eram informativos ou não. Leia-o para compreender melhor essa técnica.

> Pesquisadores utilizaram análise de conteúdo para comparar as informações de anúncios em revistas americanas e japonesas. Foram escolhidas em cada país seis categorias de revistas – feminina, masculina, profissional, esporte, lazer e geral. Todos os anúncios da amostra foram retirados de exemplares publicados no mesmo período de tempo. O resultado foi um total de 1.440 anúncios, dos quais 832 eram de revistas americanas e 608 de revistas japonesas. Três juízes independentes registraram se cada anúncio era informativo ou não, os critérios de conteúdo de informação que eram satisfeitos pelo anúncio, o tamanho e a categoria do produto anunciado. O resultado da análise de conteúdo mostrou que os anúncios japoneses são consistentemente mais informativos do que os americanos, e as informações foram úteis para as companhias internacionais e para as agências de propaganda.

Fonte: Adaptado de Malhotra, 2011.

» **Análise de traço** – Nesse método de observação, a coleta de dados é baseada em traços físicos ou em evidências de um comportamento passado. A seguir, veremos um exemplo da aplicação da análise de traço, a fim de que você perceba como os pesquisadores utilizam o comportamento passado do cliente para coletar informações.

> Um *cookie* – grupo de letras e números armazenados no *browser* de um navegador do usuário – é um meio sofisticado pelo qual um *site* pode coletar informações sobre os visitantes, o que com frequência ocorre sem o conhecimento daquele que navega na internet.
>
> Empresas e indivíduos que hospedam um *site* utilizam *cookies* para coletar informações de pesquisa de marketing sobre os visitantes. Os *cookies* acompanham os visitantes ao longo do *site*, registrando as páginas acessadas por eles e o número de minutos gastos em cada uma.
>
> A *Hotwired* utiliza *cookies* para coletar informações sobre tráfego em seu *site*, o que ajuda o pessoal de marketing a coletar dados demográficos sobre o leitor. A empresa pode também monitorar "sucessos" sobre tópicos particulares e conseguir valioso retorno a respeito dos interesses dos usuários. A coleta de dados baseia-se, portanto, no comportamento do visitante. Essa técnica disfarçada permite à *Expedia* monitorar padrões de uso e eliminar tendenciosidades de respostas socialmente aceitáveis. Utilizam-se as informações coletadas dessa maneira para modificar o formato e o conteúdo editorial, de modo que o *site* se torne mais atraente e útil aos visitantes.

Fonte: Adaptado de Malhotra, 2011, p. 197.

Os métodos de observação apresentam muitas vantagens, destacando-se a possibilidade de avaliar o comportamento efetivo, em vez de relatar um comportamento pretendido. No entanto, tais métodos também apresentam algumas desvantagens, como: os pesquisadores não podem observar os motivos, as atitudes ou as intenções, o que reduz significativamente seu valor de diagnóstico; exigem tempo e são dispendiosos; e dificultam a observação de certas formas de comportamento e atividades pessoais.

Em alguns casos, a utilização de métodos de observação pode ser antiético, por exemplo, ao monitorar o comportamento das pessoas sem seu conhecimento ou consentimento, conforme determinado pela American Marketing Association – AMA (assunto que comentaremos adiante, no Capítulo 6).

Os métodos de observação podem gerar informações valiosas quando usados adequadamente, sendo interessante utilizá-los como complemento dos métodos de levantamento de campo (Malhotra, 2011; Aaker; Kumar; Day, 2004).

Método de pesquisa causal: experimentação

Para finalizar o tema, relembremos que os dados quantitativos são classificados como *descritivos* ou *causais*. Agora, vamos discutir os experimentos que normalmente são utilizados para inferir relações causais.

Como o conceito de causalidade é complexo, é necessário que ele seja bem explicado. As pessoas comumente entendem que um acontecimento X provoca o acontecimento Y, isto é, que "X causa Y"; porém, estabelecer que o responsável por "isso" foi "aquilo" não é simples (Malhotra, 2011; Mattar, 2012). Veja a causalidade, no esquema a seguir, segundo o senso comum:

	Dependência	Causa	Efeito
X	Variável independente	Única causa	Único efeito
Y	Variável dependente	X	Y

O senso comum atribui a um único fato (causa) a explicação completa para outro fato (efeito). Por outro lado, o pesquisador raramente espera que um único fato seja responsável pela ocorrência de outro; ele não afirma categoricamente a relação de causalidade, mas a aponta em termos de probabilidade; por exemplo, "se ocorrer isso, provavelmente poderá ocorrer aquilo" (Mattar, 2012). Sendo assim, o esquema de causalidade para o cientista poderá ser representado da seguinte forma:

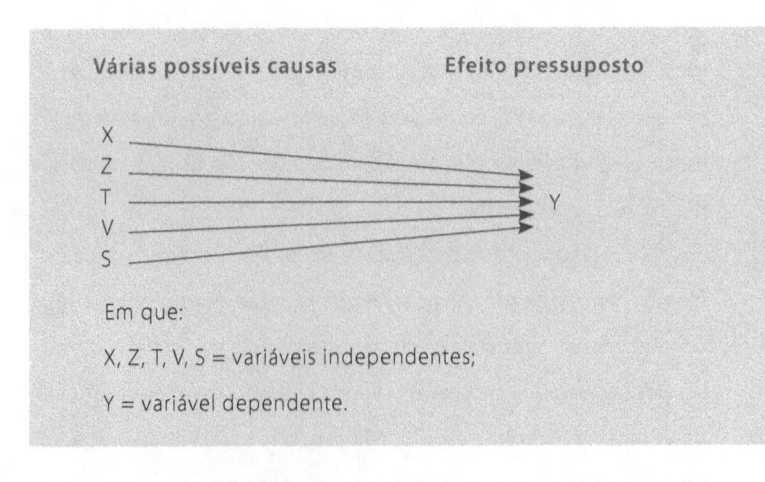

Várias possíveis causas   **Efeito pressuposto**

X
Z
T   ⟶ Y
V
S

Em que:
X, Z, T, V, S = variáveis independentes;
Y = variável dependente.

Na pesquisa de mercado, como os efeitos são causados por múltiplas variáveis, a relação entre causa e efeito tende a ser probabilística.

Os projetos experimentais são uma das formas mais utilizadas para procurar relações de causa e efeito entre variáveis. Os experimentos são definidos como "estudos nos quais as condições são controladas, de maneira que uma ou mais variáveis independentes possam ser manipuladas, para testar uma hipótese sobre uma variável dependente" (Aaker; Kumar; Day, 2004, p. 345). Veja, a seguir, exemplos de utilização do experimento, mostrando alguns questionamentos pautados nas possibilidades de seu uso.

» Qual o melhor canal para distribuir o produto X?
» Qual a relação entre o espaço ocupado na prateleira dos supermercados e a participação no mercado do produto X?
» A concorrência do produto X na prateleira do supermercado implica alguma mudança em suas vendas?
» Qual a relação entre a altura em que o produto X é colocado na prateleira do supermercado e o seu percentual de vendas?
» Qual o efeito sobre as vendas de uma pretendida redução no preço de um produto?
» Qual deverá ser o efeito de uma nova campanha de propaganda ou promoção de vendas em nível nacional?

Fonte: Adaptado de Mattar, 2012, p. 23.

Os estudos experimentais podem ser úteis para auxiliar na tomada de decisão de preço, na promoção e na distribuição de produtos etc. A seguir, apresentamos um exemplo da utilização do experimento para promoção.

> Uma determinada empresa conduziu um experimento para avaliar a eficiência do anúncio de promoções via rádio e no local de compra, observando a geração de compra por impulso. Para isso, foram selecionados 20 pontos estatisticamente compatíveis, tendo como base o tamanho, a localização geográfica, o fluxo de tráfego e a antiguidade. A metade deles foi selecionada aleatoriamente como pontos de teste e a outra metade como pontos de controle. Nos pontos de teste, o sistema de som interno transmitia os anúncios, enquanto os do grupo de controle ficavam com o sistema desativado. Os dados de controle foram registrados como vendas unitárias e volume em dólares, sete dias antes do experimento, nas quatro semanas de duração, e sete dias depois dele. Os produtos monitorados variaram de bugigangas a utensílios leves de cozinha. Os resultados mostraram que as vendas daqueles produtos anunciados nos pontos de teste aumentaram pelo menos 100%. Com base nisso, a empresa concluiu que a propaganda de rádio no ponto de venda era altamente eficiente para induzir compra por impulso e decidiu dar continuidade a essa técnica.

Fonte: Adaptado de Malhotra, 2011.

Um experimento pode fornecer ao pesquisador evidências convincentes sobre as relações causais de um estudo exploratório ou descritivo, visto que proporciona controle aos investigadores.

Há dois tipos básicos de experimento, segundo Malhotra (2011), Churchill Junior, Brown e Suter (2011) e Mattar (2012): o **experimento de laboratório** e o **experimento de campo**. Veremos detalhadamente cada um deles a seguir.

Experimento de laboratório

É aquele em que o pesquisador cria uma situação com as condições desejadas para posteriormente manipular algumas variáveis enquanto controla outras. Um ambiente de laboratório é artificial, o que permite ao pesquisador a construção de condições específicas para o experimento.

Veja, a seguir, um exemplo de experimento de laboratório.

> Pesquisadores utilizaram um estudo de laboratório para entender a viagem encadeada, ou seja, a prática de combinar a ida a mais de uma loja no varejo durante uma única viagem de compra – em contraposição a viagens separadas até cada loja.
>
> Os pesquisadores deduziram que os clientes preferiam dirigir curtas distâncias entre as lojas (varejistas próximos uns dos outros), ao invés de dirigir longas distâncias (varejistas isolados) – mesmo que a distância total no percurso casa/lojas/casa fosse a mesma. Para testar essa proposição, os pesquisadores desenvolveram mapas detalhados de trajetos de "viagem encadeada" para lojas próximas e isoladas. Esses mapas

foram apresentados a alunos de graduação que concordaram participar do experimento. Os nomes das ruas foram trocados e algumas delas foram removidas dos mapas apresentados, sendo assim, o conhecimento prévio da área geográfica pôde ser controlado. Os alunos analisaram as manipulações das viagens, as lojas próximas e as lojas isoladas e, em seguida, informaram qual seria a rota preferida. Os resultados confirmaram a hipótese dos pesquisadores: 74% escolheram a rota na qual havia lojas próximas.

Fonte: Adaptado de Churchill Junior, Brown; Suter, 2011.

Cabe destacar que esse estudo não foi realista, pois os participantes não eram clientes reais que moravam na área geográfica representada no mapa e, além disso, o ambiente do experimento (o trajeto) foi planejado.

Experimento de campo

No experimento de campo, a investigação é feita em situação real ou natural, embora também envolva a manipulação de uma ou mais variáveis sob condições controladas com o máximo de cuidado exigido pela situação. A expressão *ambiente de campo* é sinônimo de *condição efetiva de mercado*.

Vamos retomar a seguir o mesmo exemplo do experimento de laboratório transcrito anteriormente, mas agora realizado em ambiente de campo.

> Pesquisadores utilizaram um estudo de campo para entender melhor a viagem encadeada – viagem a lojas localizadas próximas – *versus* lojas isoladas. Nesse caso, os pesquisadores realizaram o experimento de campo com pessoas que realmente moravam na área mapeada. Foram feitas entrevistas por telefone e o estudo se baseou no endereço residencial dos participantes e nas localizações reais dos varejistas, os quais eram conhecidos por eles. Solicitou-se aos participantes que imaginassem a necessidade de fazer viagens a dois tipos de varejistas e, em seguida, foram apresentadas a eles duas rotas alternativas – uma para as lojas próximas e outra para as isoladas. Os pesquisadores verificaram que os participantes preferiam as viagens a lojas próximas umas das outras, em detrimento das viagens a lojas isoladas.

Fonte: Adaptado de Churchill Junior; Brown e Suter, 2011.

Nesse caso, não houve a tentativa de manipulação, ou seja, de estabelecer condições especiais à variável experimental, isto é, ao grau de aglomeração das lojas para a viagem encadeada.

Comparando a aplicação das duas técnicas – experimento de laboratório e experimento de campo –, é possível observar que o experimento de laboratório apresenta algumas vantagens, tais como: elevado grau de controle, tendência a produzir os mesmos resultados, caso seja repetido com amostra semelhante; elevação da validade interna; tendência a utilizar um pequeno número de testes; duração menor; menor restrição geográfica e maior facilidade de realização que o experimento de campo. No entanto, o experimento realizado em laboratório também apresenta algumas desvantagens, pois utiliza um ambiente artificial, o que pode causar erro de reação, isto é, os participantes reagem à própria situação, e não à variável independente. O ambiente pode causar, ainda, um fenômeno em que os respondentes tentam descobrir o propósito do experimento e responder de acordo com ele; além disso, como os experimentos de laboratórios são realizados em ambiente artificial, podem dificultar a possibilidade de generalização dos resultados para o mundo real (Malhotra, 2011; Churchill Junior; Brown; Suter, 2011; Mattar, 2012).

Após conhecermos como ocorre a aplicação das técnicas de experimentação, para concluir o tema, veremos as aplicações dos testes de mercado.

Testes de mercado

Tais testes são definidos como a aplicação de um experimento controlado, na medida em que o pesquisador os realiza em um setor reduzido e cuidadosamente selecionado. O teste de mercado é útil para prever o resultado das vendas ou os lucros obtidos por meio do uso de uma ou mais ações de marketing, como treinamento gerencial, e ajustar as variáveis de marketing do produto. Existem três tipos de mercados-teste:

1. **Padrão** – Escolhem-se os mercados de teste e o produto é vendido pelos canais regulares de distribuição.
2. **Controlado** – Todo o programa de teste é realizado por um serviço externo, ou seja, a empresa paga aos

varejistas os espaços nas prateleiras, o que garante a distribuição nas lojas que representam uma porcentagem predeterminada do volume total das vendas no varejo.

3. **Simulado** – Os consumidores não estão comprando o produto ou o serviço que está sendo testado em uma loja do varejo. Então, os pesquisadores recrutam os participantes, apresentando-os ao novo produto ou conceito, com a oportunidade de comprá-lo em uma loja real ou em um laboratório, e solicitam a eles que façam uma avaliação do item e da intenção de voltar a comprá-lo (Malhotra, 2011; Churchill Junior; Brown; Suter, 2011; Mattar, 2012).

Esse tipo de teste permite conhecer exatamente em que aspectos o produto pode estar agradando ou não ao cliente. Para compreender melhor essa técnica, veja um exemplo de aplicação de teste de mercado.

> O óleo de cozinha OLestra, comercializado pela marca Olean® e desenvolvido e pesquisado pela Procter & Gamble, é inovador no sentido de não adicionar caloria nem gordura aos lanches que tanto agradam às pessoas. De 22 de abril a 21 de junho de 1996, as batatas fritas Max, da Frito-Lay, feitas com Olean®, foram testadas em 31 supermercados em 3 cidades.
> Os pesquisadores coletaram dados de vendas e relatos de consumidores sobre quaisquer efeitos associados ao consumo das batatas fritas Max. Os resultados foram encorajadores: as vendas superaram as expectativas e as taxas de compra, tanto

iniciais quanto de recompra, foram elevadas; a maioria das pessoas respondeu positivamente que os tira-gostos feitos com Olean® ofereciam uma boa maneira de reduzir as gorduras em suas dietas; e o índice de relatos sobre quaisquer efeitos colaterais foi inferior ao previsto antes da aprovação da *Food and Drug Administration (FDA)*.

> Agência governamental americana que lida com o controle das indústrias alimentícias e de medicamentos.

Como os resultados iniciais foram animadores, decidiu-se expandir o teste de marketing para Columbus, Ohio, e para Indianápolis, Indiana. Nesses mercados-teste, modificou-se a embalagem e o preço do produto, cujo nome passou a ser WOW! ("uau"), que descrevia melhor os atributos do produto – excelente sabor e redução de gordura/calorias – do que o nome Max, usado nos mercados-teste iniciais. Os resultados foram novamente positivos. Com base neles, decidiu-se lançar, em âmbito nacional, a linha "WOW!" de batatas fritas Ruffles®, Lay's® e Doritos®, todas feitas com Olestra.

Fonte: Adaptado de Malhotra, 2011, p. 189-190.

Antes de decidir testar o mercado para qualquer um dos elementos do *mix* de marketing, o pesquisador deve levar em conta o nível de concorrência, o ambiente sociocultural e, essencialmente, as preferências e o comportamento passado do consumidor, além da necessidade de manter o sigilo sobre os projetos e a estratégia global de marketing (Malhotra, 2011).

Para compreender melhor os conceitos vistos até aqui, leia o estudo realizado pela Dove a fim de averiguar os descompassos entre a imagem (em especial a imagem desejada e a veiculada pela mídia) e a realidade efetivamente encontrada sobre a beleza.

Ao longo da leitura, tente identificar os tipos de dados e pesquisas utilizadas para alcançar o objetivo proposto.

Estudo de caso

Em 2005, a Dove, importante marca da Unilever, veiculou no Brasil uma campanha publicitária, intitulada "Campanha pela Real Beleza". Nela, a empresa trabalha em cada contexto sociocultural alguns produtos diferentes. No caso do Brasil, o foco mais acentuado recai sobre a linha Dove Verão, uma vez que esta é a estação em que as mulheres mais temem exibir seus corpos, quase sempre fora dos padrões preconizados pela mídia e cobrados pelas convenções sociais. Preocupada com as repercussões e consequências concretas que essas ideias têm sobre o universo feminino, cujos personagens dificilmente se encaixam nesses estereótipos veiculados pela mídia em geral, a Dove resolveu investigar a fundo essa questão, promovendo um estudo para o entendimento global sobre a relação entre as mulheres, a beleza e o bem-estar. Ao investigar empiricamente o significado da beleza para as mulheres de hoje, o estudo procurou um referencial mais autêntico e satisfatório para se falar e pensar a beleza como valor e conceito. O propósito não era tanto o de discutir o que é a beleza em si (tarefa mais apropriada ao campo da estética, em Filosofia), mas o de averiguar os descompassos entre a imagem (em especial a imagem desejada e veiculada pela mídia) e a realidade efetivamente encontrada sobre a beleza. Foi com base nos resultados desse estudo que a Dove reuniu elementos consistentes para formular a bem-sucedida campanha citada. Gerenciado pela StrategyONE, uma das mais sérias empresas de pesquisas dos Estados Unidos, sediada em Nova Iorque, o estudo contou com a colaboração de pesquisadores da Universidade de Harvard, do Hospital de Massachusetts e da London School of Economics. Sua metodologia consistiu em um extenso e denso trabalho de campo, realizado em dez países (Estados Unidos, Canadá, Argentina, Brasil, Portugal, França, Inglaterra, Itália, Países Baixos e Japão), nos meses de fevereiro e março de 2004, em que foram entrevistadas cerca de 3.200 mulheres, na faixa etária dos 18 aos 64 anos. Para que pudesse ganhar consistência e melhor se adequar aos distintos padrões estéticos nos diferentes países analisados, além da pesquisa de campo em si, o estudo promoveu uma revisão da literatura mundial sobre o assunto, examinando pesquisas, ensaios e textos em geral, em 22 idiomas provenientes de 118 países, com o objetivo de rever o conhecimento público sobre o tema. Um dos resultados mais marcantes desse estudo foi a constatação de que, em todos os lugares pesquisados, as mulheres desejam uma ideia de beleza que seja menos estreita do que aquela que é veiculada pela mídia. Desejam algo mais próximo de suas realidades. Esse foi, portanto, o principal indicador de que as hipóteses iniciais que inspiraram o estudo eram válidas. Ao constatar que apenas metade das mulheres entrevistadas relata que está razoavelmente satisfeita com sua vida e seu bem-estar social, a pesquisa procurou investigar o que seria mais importante em suas vidas. A partir daí, a empresa passou a considerar os aspectos envolvidos diretamente na concepção feminina de beleza, não hipoteticamente, mas com base nos depoimentos das entrevistadas. Tópicos como saúde, relacionamentos de diversos tipos, beleza e aparência física, sucesso profissional e financeiro e religiosidade foram os mais abordados.

Fonte: Adaptado de Lucio, 2013.

Com base nesse estudo de caso, responda às seguintes questões:

1. A Unilever realizou uma revisão sobre os distintos padrões estéticos nos diferentes países analisados. Realmente havia a necessidade dessa revisão ou a empresa deveria iniciar a pesquisa com a coleta de dados primários? Justifique sua resposta.
2. Identifique o objetivo de pesquisa proposto pela Unilever.
3. Quais foram os tipos de dados de pesquisas utilizados pela Unilever nesse estudo?

Síntese

Há dois tipos de pesquisa descritiva: o levantamento de campo e a observação. O levantamento de campo, método mais comum de coleta de dados primários, é utilizado para levantar uma ampla variedade de informações, que podem envolver diversos assuntos e temas, dependendo da necessidade do pesquisador. Os levantamentos podem ser feitos por telefone, pessoalmente, pelo correio ou por meios eletrônicos.

Na observação, por outro lado, o pesquisador registra de forma sistemática os padrões de comportamento de pessoas, objetos ou eventos, pois seu objetivo é obter informações sobre o fenômeno de interesse; não há comunicação entre pesquisador e pesquisado nem sequer questionamentos e respostas orais ou escritas. Já o experimento é utilizado para inferir relação de causa e efeito.

Questões para revisão

1. A observação é um tipo de pesquisa descritiva. Os métodos de observação fornecem informações sobre o comportamento real das pessoas, isto é, registram de forma sistemática os padrões comportamentais também de objetos e eventos. Nesse contexto, diferencie a observação estruturada da observação não estruturada.

2. O teste de mercado é a aplicação de um experimento controlado, realizado em um setor reduzido e cuidadosamente selecionado pelo pesquisador. Sendo assim, descreva os tipos de teste de mercado existentes.

3. Assinale as alternativas que descrevem as características do método de coleta de dados por meio de levantamento de campo:
   a. Uma entrevista não estruturada, direta e pessoal, em que um único respondente é testado.
   b. Tanto as perguntas quanto a respostas podem ser formuladas verbalmente, por escrito ou por computador.

c. Utiliza-se um questionário formal que apresenta questões em ordem predeterminada.

d. É realizado por um entrevistador altamente treinado, com o objetivo de descobrir motivações, crenças, atitudes e sensações subjacentes sobre um tópico.

4. Assinale a opção que preenche corretamente a lacuna:

    A _____ é o registro, de forma sistemática, dos padrões de comportamento de pessoas, objetos e eventos para a obtenção de informações sobre o fenômeno de interesse.

    a. entrevista em profundidade.
    b. pesquisa descritiva.
    c. observação.
    d. técnica projetiva.

5. Assinale as alternativas que descrevem as desvantagens do levantamento de campo:

    a. Os respondentes podem ser incapazes de dar a informação desejada ou ficar relutantes quanto a isso.
    b. Os dados obtidos não são confiáveis, pois as respostas se limitam às alternativas mencionadas.
    c. Os respondentes podem não estar conscientes dos reais motivos de suas escolhas.
    d. Não é fácil formular adequadamente as perguntas.

Para saber mais

Para você aprofundar seu conhecimento sobre coleta de dados realizada por correio, leia o artigo disponível no seguinte *link*:

OLIVEIRA, L. M. B. de; MORAES, W. F. A. de. *Coleta de dados realizada por questionário enviado pelo correio:* método eficaz? Disponível em: <http://www.scielo.br/pdf/rae/r34n4/a10r34n4.pdf>. Acesso em: 20 abr. 2013.

Para entender mais sobre os métodos de observação, leia o material disponível no *link* a seguir:

MATTAR, F. N. Método da observação. In: _____. *Pesquisa de marketing*. São Paulo: Atlas, 2001. p. 81-85. Disponível em: <https://docs.google.com/viewer?a=v&pid=forums&srcid=MDU1MzcyODAyODA4NDE3NDg4NjIB MDY3NjMwNTU1NjI2MDE2MDkxNDcBVW9FTmhOZDJaY1IKATQBAXYy>. Acesso em: 17 abr. 2013.

capítulo 4
medição, escalonamento e instrumento de coleta de dados

Conteúdos do capítulo

- Medição.
- Escalonamento.
- Tipos de escala primária.
- Técnicas de escalonamento.
- Elaboração do instrumento de coleta de dados.

Após o estudo deste capítulo, você será capaz de:

1. descrever os procedimentos de medição e escalonamento;
2. identificar os tipos de escala primária;
3. entender as técnicas de escalonamento;
4. elaborar um instrumento de coleta de dados.

No capítulo anterior, você conheceu os métodos de pesquisa descritiva. Agora veremos como ocorrem os procedimentos de medição e escalonamento, para que você seja capaz de identificar as diferenças entre os tipos de escalas primárias e compreender as técnicas de escalonamento que podem ser utilizadas pelo pesquisador. Por fim, abordaremos o processo de elaboração do instrumento de pesquisa.

Procedimentos de medição e escalonamento

Nos capítulos anteriores, apresentamos os tipos de pesquisa disponíveis para serem utilizadas nos projetos de pesquisa de mercado. A partir de agora, veremos que muitas das questões de levantamento de dados são elaboradas para medir atitudes – por exemplo, um fabricante de sorvetes quer saber quais as marcas mais lembradas quando o cliente potencial pensa em sorvete; um varejista de produtos eletroeletrônicos deseja conhecer o perfil do seu público-alvo; um fabricante de produtos de beleza deseja fazer um teste de conceito de um novo produto – e essas informações são obtidas por meio de mensuração e construção de escalas. Sendo assim, apresentaremos os conceitos de *medição* e *escalonamento* e descreveremos os tipos de escala primária, norteando-nos pelos estudos de Malhotra (2011); Aaker; Kumar e Day (2004); Mattar (2012); Churchill Junior, Brown e Suter (2011).

Medição

Medir ou mensurar refere-se à aplicação de números ou símbolos a determinadas características de objetos de interesse, levando em consideração algumas regras definidas previamente. Vale ressaltar que o pesquisador não realiza a medição do objeto, mas de suas características, ou seja, são medidas as percepções, as atitudes, as preferências do consumidor, até mesmo a escolaridade, o gênero e a renda, por exemplo (Malhotra, 2011).

As medidas podem ser utilizadas para diversos fins, entre os quais podemos destacar: realizar comparação entre marcas; medir o número de clientes que preferem um produto a outro; definir o perfil dos clientes de produtos no que diz respeito à demografia, ao comportamento e às características socioeconômicas e psicológicas, entre outros.

Os pesquisadores precisam ser cuidadosos ao projetar uma medida, pois ela ditará os tipos de análise e as conclusões possíveis com base nos dados coletados sob esses parâmetros.

Segundo Malhotra (2006, p. 244), na pesquisa de mercado,

> *é costume atribuir números por dois motivos. Primeiro, os números permitem uma análise estatística dos dados resultantes. Segundo, os números facilitam a comunicação de resultados e regras de mensuração.*

O aspecto mais importante da mensuração é a especificação de regras para atribuir números às características. O processo de medição deve ser padronizado, isto é, tem de existir uma relação entre o número ou o símbolo usado e a característica do objeto mensurado.

Escalonamento

Malhotra (2011) considera o escalonamento parte da medição. Essa técnica diz respeito a um procedimento em que as escalas colocam os objetos a serem medidos ao longo de um *continuum*, no qual se identificam os objetos com o número de características de medidas que estes apresentam. Por exemplo: um gerente de marketing quer medir os consumidores em termos de atitude em relação à marca de *jeans* Tudo Azul. Baseando-se na resposta, cada participante receberia do pesquisador um número indicando uma atitude desfavorável (1), uma atitude neutra (2) ou uma atitude favorável (3). A medição é a atribuição real dos números 1, 2 ou 3 para cada entrevistado, usando, portanto, a escala de 1 a 3.

Existem quatro tipos de escalas primárias: nominal, ordinal, intervalar e de razão. A seguir, veremos mais detalhadamente a utilização de cada uma delas.

1. **Escala nominal** – Nesse caso, os números servem apenas para nomear, identificar e categorizar os dados coletados. Desse modo, os objetos são atribuídos a categorias rotuladas sem necessariamente ter uma relação entre elas, servindo unicamente para contagem. Veja, a seguir alguns exemplos de questões que utilizam a escala nominal.

    1. Sexo: ____ (1) Feminino (2) Masculino
    2. Estado Civil: ____ (1) Solteiro (2) Casado (3) Separado/ Divorciado (4) Viúvo
    3. Qual sua cor preferida de carro? ____ (1) Branco (2) Preto (3) Prata (4) Outra. Qual? _____

Observe que, nas três questões do exemplo anterior, os números atribuídos a cada variável não apresentam nenhum significado, e foram colocados nas opções de respostas para associá-los aos valores das variáveis *sexo* e *estado civil*. Não podemos dizer que o sexo masculino, que recebeu o número 2, é melhor do que o sexo feminino, que recebeu o número 1.

2. **Escala ordinal** – Além de nomear, identificar e categorizar, essa escala ordena os dados pesquisados em relação à determinada categoria. Essa é uma escala de graduação, em que se aplicam números a objetos para indicar até que ponto eles apresentam determinadas características e se, em termos de comparação, apresentam atributos em maior ou menor grau do que o outro.

Quando o participante responde a uma pergunta com escala ordinal, ele coloca em cada um dos itens um número (por exemplo, de 1 a 4), seguindo uma ordem de importância; o critério de avaliação é de sua preferência.

Ao passo que na escala nominal não é possível realizar uma comparação entre os itens enumerados preenchidos pelo pesquisado, na escala ordinal os números qualificam as variáveis. O respondente qualifica com 1 o melhor, o que implica que, quanto maior a pontuação, menos o item lhe agrada. Percebe-se, portanto, que os números 1, 2, 3 e 4 estão em ordem progressiva: quanto maior o número, pior a qualificação, no que se refere à preferência do participante.

Para elucidar as explicações, veremos a seguir um exemplo de escala ordinal.

1. Enumere as alternativas abaixo seguindo a ordem de importância (1 para o mais importante e 4 para o menos importante) em relação aos motivos da escolha da loja X:
   ( ) Preço dos produtos.
   ( ) Variedade de marca.
   ( ) Localização.
   ( ) Atendimento.

2. Enumere as marcas de automóveis a seguir, de acordo com a ordem de sua preferência, atribuindo ao que mais lhe agrada o número 1 e ao que menos lhe agrada o número 5:
   ( ) General Motors.
   ( ) Fiat.
   ( ) Ford.
   ( ) KIA.
   ( ) Nissan.

Observe que a ordem das respostas definirá os motivos que levam os clientes a escolher a loja X, bem como a preferência pelas marcas de carro. Portanto, recomenda-se tal escala quando o pesquisador precisa ordenar preferências, opiniões, atitudes e percepções dos clientes.

3. **Escala intervalar** – É uma escala numérica na qual o intervalo entre os números estão relacionados à posição em que pessoas, objetos ou fatos estão distantes entre si no que se refere a determinadas características, o que significa que há comparação entre as diferenças.

Por exemplo: a diferença entre 1 e 2 é igual a diferença entre 2 e 3. O exemplo a seguir ilustra os comentários aqui feitos.

1. Indique o grau de sua preferência para cada uma das marcas de automóveis na lista a seguir, marcando a posição:

	Não gosto nada	Não gosto	Gosto	Gosto muito
General Motors	( )	( )	( )	( )
Fiat	( )	( )	( )	( )
Ford	( )	( )	( )	( )
KIA	( )	( )	( )	( )
Nissan	( )	( )	( )	( )

As escalas intervalares nas pesquisas de mercado são utilizadas para medir atitudes, opiniões, conscientização e preferências dos clientes com o objetivo de estabelecer medidas relativas.

4. **Escala de razão** – apresenta as mesmas propriedades das escalas de intervalo, mas com um ponto zero definido. Esse tipo de escala permite ao pesquisador identificar ou classificar os objetos, graduar e comparar os intervalos ou as diferenças. Alguns exemplos de tipo de escala são idade, preço, volume de vendas e faixa de renda. Veja a seguir:

1. Divida 100 pontos entre cada uma das marcas de automóveis de acordo com seu grau de preferência para cada uma delas:

General Motors	( )
Fiat	( )
Ford	( )
KIA	( )
Nissan	( )
Total:	

Agora, observe a seguir um exemplo utilizando os quatro tipos de escalas primárias de medição:

Escala nominal	Escala ordinal	Escala intervalar	Escala de razão
	Classificação de preferência	Classificação de preferência (1-7)	Preço em dólares
Bugle Boy	7	5	30
Calvin Klein	2	7	48
Diesel	8	3	27
Gap	3	6	32
GUESS	1	7	34
Jordache	5	5	35
Lee	9	4	30
Levi's®	6	5	33
Old Navy	4	6	29
Wrangler	10	2	24

Fonte: Adaptado de Malhotra, 2006, p. 186.

Podemos concluir, observando a comparação entre os quatro tipos de escala, que os números atribuídos às marcas de jeans utilizaram a escala nominal, ou seja, eles serviram para medir a preferência dos consumidores de *jeans*. Na sequência, os números (1 a 10) foram atribuídos às dez marcas, por ordem de preferência, isto é, o número 1 para a marca que mais agradava o consumidor até chegar ao 10, que seria a marca de que ele menos gostava. Já a escala de classificação de 7 pontos utilizada para classificar a preferência do consumidor pela marca denota uma escala intervalar. Finalmente, o preço das marcas constitui uma escala de razão.

Veja, no Quadro 4.1, as escalas, suas características, as pesquisas em que costumam ser utilizadas e as estatísticas possíveis.

Quadro 4.1 – Resumo das escalas básicas e sua aplicação na pesquisa de mercado

Escala	Características	Usos em pesquisa de mercado	Estatísticas possíveis
Nominal	Identidade. Definição única de números.	Marcas, sexo, etnia, cores, tipos de lojas, regiões, usa/não usa, gosta/não gosta, e a toda variável a que se possam associar números para identificação.	Moda, percentagens, teste binominal, teste qui-quadrado, Mcnemar, Cochran Q.
Ordinal	Ordem dos números.	Preferências. Atitudes. Opiniões. Classes sociais. Ocupações.	Mediana, quartis, decis, percentis, Teste Mann-Whitney, Teste U, Kruskal, Wallis, correlação de postos.

(continua)

(Quadro 4.1 – conclusão)

Escala	Características	Usos em pesquisa de mercado	Estatísticas possíveis
Intervalar	Comparação de intervalos.	Opiniões. Atitudes. Conscientização. Preferências. Números-índices.	Média, intervalo, amplitude total, amplitude média, desvio-médio, variância, desvio-padrão, Teste Z e Teste t de Student, análise de variância, correlação de produto-momento.
Razão	Comparação de medidas absolutas. Comparação de proporções.	Idade. Preço. Número de consumidores. Volume de vendas. Renda. Patrimônio.	Todos da escala intervalar, mais: média geométrica, média harmônica, coeficiente de variação.

Fonte: Adaptado de Mattar, 2012, p. 94.

Conhecemos as técnicas de medição e de escalonamento e as características dos quatro tipos de escala primária, bem como sua aplicação nas pesquisas de mercado. A seguir, veremos a técnica de mensuração de atitude, que está diretamente relacionada com o comportamento do cliente.

Mensuração de atitude

É importante observar que uma grande quantidade de pesquisas de mercado é realizada para que as empresas compreendam e influenciem o comportamento do cliente.

> O comportamento do cliente é "definido como as atividades físicas e mentais realizadas por clientes de bens de consumo e industriais que resultam em decisões e ações, como comprar e utilizar produtos e serviços, bem como pagar por eles" (Sheth; Mittal; Newman, 2008, p. 29).

Segundo Aaker, Kumar e Day (2004), as empresas querem conhecer o comportamento do cliente, porém, para tanto, costumam utilizar com mais frequência a mensuração de atitudes que a de comportamento. Isso ocorre porque os pesquisadores defendem que as atitudes são antecessoras do comportamento, sendo mais fácil perguntar sobre atitudes que observar e interpretar o comportamento real das pessoas.

> Atitudes "são predisposições aprendidas a responder a um objeto ou a uma classe de objetos de forma consistentemente favorável ou desfavorável" (Sheth; Mittal; Newman, 2008, p. 29).

Por exemplo, os clientes percebem uma marca como favorável ou desfavorável. As experiências passadas são determinantes para que se avaliem as marcas no futuro, por isso é importante que a empresa conheça seus clientes e o que eles pensam sobre produtos e marcas. Mattar (2012) relata que conhecer as atitudes dos clientes ajuda a empresa a prever os comportamentos de compra e pós-compra, bem como as aceitações/rejeições de produtos e marcas, além de tomar medidas para mudar as atitudes desfavoráveis à empresa e a seus produtos e avaliar conceitos de novos produtos, propagandas e promoções de vendas.

É importante destacar que a mensuração de atitude apresenta três componentes que devem ser avaliados:

1. **Componente cognitivo** – Diz respeito à crença que o cliente tem da marca. Representa as informações de um indivíduo.
2. **Componente afetivo** – Revela a predisposição dos consumidores a comprar ou rejeitar o produto.
3. **Componente conativo** – Diz respeito à tendência de um cliente comprar ou rejeitar o objeto mensurado como intenção de compra (Sheth; Mittal; Newman, 2008).

Para entender melhor, leia o exemplo sobre a mensuração dos sentimentos e emoções em relação ao uso de uma loção pós-barba utilizando uma escala afetiva.

Considerando que nos últimos 30 dias você tenha experimentado a loção pós-barba XYZ, identifique como seu rosto ficou após o uso do produto durante esse período. Para cada uma das palavras a seguir, marque X no espaço que corresponde a como você sentiu o rosto após utilizar a loção pós-barba XYZ.

	Muito			Pouco
Relaxado	( )	( )	( )	( )
Firme	( )	( )	( )	( )
Macio	( )	( )	( )	( )
Limpo	( )	( )	( )	( )
Mais jovem	( )	( )	( )	( )
Renovado	( )	( )	( )	( )

Fonte: Adaptado de Schiffman; Kanuk, 2009.

> Você viu que a atitude é composta pelos componentes cognitivo, conativo e afetivo; nesse sentido, qual deles o pesquisador deve medir? Cada um separadamente ou os três?

É importante avaliar o problema de pesquisa e decidir o componente que será medido para, então, definir que escala utilizar. Geralmente as escalas utilizadas em pesquisa de mercado são classificadas como *comparativas* e *não comparativas*.

As **escalas comparativas** envolvem a comparação direta entre dois objetos de estímulo. Por exemplo: o pesquisador pode perguntar se o entrevistado prefere NIKE ou Adidas. Por outro lado, na **escala não comparativa** cada objeto é escalonado independente do outro no conjunto de escolha. Por exemplo: o pesquisador poderia solicitar aos entrevistados que avaliassem a NIKE em uma escala de 1 a 6, na qual 1 corresponde à preferência zero e 6 a grande preferência (Malhotra, 2011).

Veremos a seguir os tipos de técnica de escalonamento descritos mais detalhadamente.

Técnicas de escalonamento

As técnicas de escalonamento utilizadas com mais frequência em pesquisa de mercado podem ser classificadas como *escalas comparativas* e *não comparativas*. Observe na Figura 4.1 a classificação mais detalhada das técnicas de escalonamento.

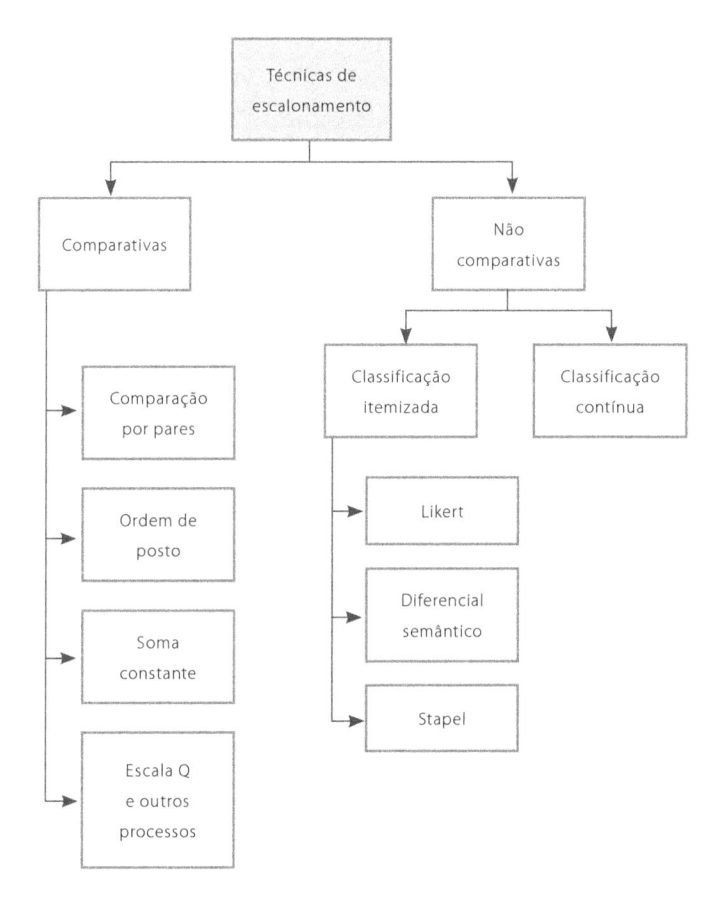

Figura 4.1 – Classificação de técnicas de escalonamento

```
                        Técnicas de
                       escalonamento
              ┌──────────────┴──────────────┐
         Comparativas                    Não
                                    comparativas
              │                    ┌────────┴────────┐
              │              Classificação      Classificação
         Comparação            itemizada          contínua
          por pares
              │                    │
          Ordem de            →  Likert
           posto
              │                    │
           Soma               →  Diferencial
         constante               semântico
              │                    │
          Escala Q            →   Stapel
          e outros
          processos
```

Fonte: Malhotra, 2011, p. 242.

A seguir, abordaremos cada tipo de escala comparativa e não comparativa descrita na Figura 4.1, utilizando como referencial teórico os conceitos dos seguintes autores: Malhotra (2011); Aaker, Kumar e Day (2004); Mattar (2012); Churchill Junior, Brown e Suter (2011).

Escalas comparativas

As técnicas comparativas, como o próprio nome diz, fazem a comparação direta de dois ou mais objetos. Por exemplo: o pesquisador pergunta aos participantes de um determinado estudo se eles preferem chocolates da marca NESTLÉ® ou da Lacta. Uma escala comparativa permite a ele medir as diferenças relativas. É importante destacar que elas têm propriedades ordinais ou de ordens de classificação. A seguir, conheceremos os quatro tipos de escalas comparativas.

1. **Comparação por pares** – Nesse caso, o pesquisador apresenta dois objetos, por exemplo, duas marcas para que o participante escolha um deles de acordo com algum critério. Os objetos avaliados são apresentados dois a dois, de maneira que cada um deles seja comparado, pelo menos uma vez, com cada um dos outros na categoria.

   Para que você possa compreender melhor essa questão, observe o exemplo a seguir:

A seguir, serão apresentados pares de marcas de carros. Indique em cada par que marcas têm sua preferência:

	Fiat	Nissan	Ford	GM	Volks	Kia	Renault	Peugeot	Hyundai	Volvo
Fiat	-	0	1	0	0	1	0	0	1	1
Nissan	0	-	1	1	0	1	0	0	1	1
Ford	0	0	-	0	0	0	0	0	0	0
GM	0	0	1	-	0	1	0	0	1	1

Volks	0	0	1	0	-	0	0	0	1	1
Kia	0	0	1	0	0	-	0	0	0	1
Renault	-	0	1	1	1	1	-	0	1	1
Peugeot	0	0	1	1	1	1	0	-	1	1
Hyundai	0	0	1	0	1	0	0	0	-	1
Volvo	0	0	1	0	0	0	0	0	0	-
Total	0	0	9	3	3	5	0	0	6	8

Os dados obtidos na comparação por pares podem ser analisados de diversas maneiras. O pesquisador pode calcular, por exemplo, a percentagem de respondentes que prefere um estímulo a outro, somando as matrizes do exemplo das marcas de carros para todos os respondentes, dividindo a soma pelo resultado de respondentes e, por fim, multiplicando o resultado por 100.

2. **Escala por ordem de posto** – Apresentam-se simultaneamente vários objetos ao entrevistado, que deve ordená-los ou atribuir-lhes postos de acordo com as atitudes do respondente em relação a eles. Devido à simplicidade de aplicação, essas escalas são muito utilizadas em pesquisa de mercado.

O pesquisador, por exemplo, solicita aos participantes que coloquem em ordem de preferência marcas de roupas, sendo que devem atribuir o número 1 à sua marca preferida, o 2 à segunda colocada, o 3 à terceira, e assim sucessivamente.

Esse tipo de escala é utilizado não somente para avaliar preferência por marcas, mas também por atributo, conforme mostra o exemplo:

> Abaixo estão apresentados alguns atributos necessários em um consultório odontológico. Classifique a ordem de importância para cada uma das dimensões. Considere os valores entre 1 e 6, sendo 1 o mais importante e 6 o menos importante:
>
> | Atributo | Ordem |
> |---|---|
> | Preço dos serviços | 2 |
> | Limpeza | 3 |
> | Atendimento dos profissionais | 5 |
> | Confiabilidade dos serviços | 1 |
> | Condições dos equipamentos utilizados | 4 |
> | Tempo da empresa no mercado | 6 |

Nesse exemplo, é possível observar que, para o respondente, a confiabilidade dos serviços é a dimensão mais importante, seguida de preço, limpeza, condições dos equipamentos utilizados, atendimento dos profissionais e tempo da empresa no mercado.

3. **Escala de soma constante** – Nesse caso, o respondente distribui um número fixo de pontos (em geral 100) entre os diversos objetos para indicar a sua preferência, analisando cada um deles.

O exemplo a seguir retrata a utilização da escala de soma constante. Nesse caso, a escala foi utilizada para avaliar a importância dos atributos de produtos de limpeza.

Serão apresentados a seguir alguns atributos dos produtos de limpeza. Avalie cada atributo e distribua 100 pontos entre eles, de maneira que essa distribuição revele seu grau de importância. Quanto maior a pontuação do atributo, maior a importância dele para você. Caso ele não tenha importância, pontue com zero.

Atributo	Pontuação
Quantidade de espuma	10
Poder de limpeza	30
Fragrância	10
Preço	30
Embalagem	0
Marca	20
Soma	100

Observemos no exemplo que o participante atribuiu a cada propriedade uma pontuação, avaliando o grau de importância. Nesse sentido, o poder de limpeza e o preço são os atributos mais importantes para o participante; a embalagem, por sua vez, não tem nenhuma importância.

4. **Escalas de ordenação "Q" e outros processos** – As escalas de ordenação "Q" são indicadas nos casos em que o número de objetos e características a serem ordenados ou classificados é extenso. Se o participante de uma pesquisa for forçado a ordenar ou comparar pares de objetos em grande quantidade, poderá ficar entediado.

Nesse caso, o pesquisador pode utilizar a escala de ordenação "Q". Nela, o respondente separa em grupos os vários objetos ou características que estão sendo comparados, de modo que o número em cada grupo siga uma distribuição normal. Sua aplicação é considerada difícil. Para que você possa compreender melhor, leia o exemplo a seguir.

> A empresa de eletroeletrônicos XYZ desenvolveu um novo produto. Depois de essa equipe realizar muitas sessões de *brainstorming*, restaram aproximadamente 110 modelos com pequenas diferenças entre eles. A equipe decidiu fazer um teste com os consumidores para descobrir suas combinações preferidas, as quais provavelmente venderiam mais. No dia do teste, cada participante recebeu 110 cartões, cada um contendo uma variação do produto. A equipe solicitou que o participante separasse os cartões em 11 pilhas; uma delas teria os modelos preferidos por ele, em outra, os modelos menos atraentes, enquanto nas outras 9 estariam os cartões dos outros modelos, variando gradualmente dos mais atraentes para os menos atraentes. Depois de colocar todos os cartões nas respectivas pilhas, o participante ordenou apenas aqueles modelos que estavam na pilha dos preferidos, ou aqueles que estavam em primeiro lugar das suas pilhas.

Fonte: Adaptado de Aaker; Kumar; Day, 2004, p. 295.

A ordenação "Q" é recomendada para ordenar de 9 a 15 objetos, em situações em que a ordenação realizada por meio de outros métodos causaria cansaço ou poderia confundir os respondentes. Tal técnica, contudo, não é muito utilizada em pesquisa de mercado, pois, em geral, os pesquisadores acham difícil a aplicação.

Escalas não comparativas

Nas escalas não comparativas, também conhecidas como *métricas* ou *monádicas*, os objetivos são escalados independente um do outro. Por exemplo: pede-se aos participantes de um determinado estudo que avaliem a marca NESTLÉ® em uma escala de preferência de 1 a 7 (1 como sendo nem um pouco preferida e 7 bastante preferida); o mesmo pode ser feito com a marca Lacta.

A seguir, veremos individualmente os tipos de escalas não comparativas: a de classificação contínua e a de classificação por itens.

1. **Escala de classificação contínua** – Também chamada de *classificação gráfica*, nela o participante classifica o atributo ou o objeto marcando a pontuação que considera mais adequada em uma linha de um extremo ao outro, ou seja, desde o extremo mais favorável até o mais desfavorável. O pesquisador pode utilizar as mais diversas formas para apresentar visualmente a escala.

   Observe no exemplo que a qualificação contínua é progressiva. Perceba que, se o pesquisador preferir, pode aproveitar para ter um retorno com as próprias palavras do cliente. Veja:

Pesquisa de satisfação do cliente em relação ao atendimento dos vendedores					
	Excelente	Bom	Regular	Ruim	Péssimo
Cortesia e receptividade do vendedor					
Atenção recebida durante o atendimento					
Tempo de espera no atendimento					
Conhecimento técnico do vendedor					
Satisfação do cliente					
Data: __/__/__	*E-mail:* Telefone p/ contato:				
Deixe suas sugestões/críticas/elogios em relação ao atendimento do vendedor:					

    Esse tipo de escala é muito utilizada para avaliar a satisfação dos clientes em estabelecimentos como lojas, farmácias e supermercados. Quando você for a algum desses estabelecimentos, observe se a empresa realiza esse tipo de pesquisa, ou seja, se está interessada em saber se você (cliente) ficou ou não satisfeito com a compra.

2. **Escala de classificação por itens** – Nesse caso, o participante recebe uma escala com um número ou uma descrição sumária relacionada a cada categoria. As categorias são ordenadas em termos de posição na escala e os participantes devem selecionar aquelas que correspondem aos sentimentos, às opiniões e, essencialmente,

às atitudes em relação a determinados assuntos. Há uma variedade de escalas por itens. A seguir, apresentaremos as mais utilizadas em pesquisa de mercado: a escala de Likert, a escala de diferencial semântico e a escala de Stapel.

a. **Escala de Likert** – O participante indica seu grau de concordância ou discordância em relação a uma série de afirmações relacionadas a atitudes ou objetos, enunciadas no questionário.

Veja a seguir um exemplo da utilização da escala de Likert. Observe que, no exemplo, quanto mais à direita estiver a marcação do respondente, mais positiva será a avaliação.

	Discordo totalmente	Discordo	Concordo	Concordo plenamente
1. As atendentes são cordiais.				
2. O laboratório é bem localizado.				
3. O horário de atendimento é adequado.				
4. Os tipos de exames oferecidos são suficientes.				
5. O tempo para atendimento é adequado.				

A escala de Likert é muito utilizada em pesquisa de mercado, pois o respondente não tem dificuldade de entendê-la, ainda que seu preenchimento seja muito demorado. Se o pesquisador pretende utilizá-la, é aconselhável não deixar a lista de perguntas muito longa, visto que o preenchimento pode cansar o entrevistado.

b. **Escala de diferencial semântico** – É "uma escala de classificação de sete pontos, cujos pontos extremos [estão] associados a rótulos bipolares" (Malhotra, 2011), ou seja, o participante associa a afirmação a um adjetivo. É bastante utilizada para descrever o conjunto de crenças que dão base à formulação da imagem que o participante faz de uma empresa ou marca.

Note, no exemplo de escala de diferencial semântico, que o participante avalia e assinala o adjetivo de maneira gradual; à esquerda estão os antônimos dos adjetivos à direita. Analise o exemplo a seguir para uma melhor compreensão.

A Ford é:							
Tradicional					x		Inovadora
Confortável	x						Desconfortável
Acessível	x						Inacessível
Antigo					x		Moderno
Confiável	x						Não confiável

Um cuidado que o pesquisador deve ter ao usar a escala de diferencial semântico refere-se à escolha dos adjetivos opostos adequados para o público-alvo. Nesse sentido, é possível utilizar um método de pesquisa qualitativa para definir os adjetivos ou atributos do objeto que será medido.

c. **Escala de Stapel** – Nesse caso, os participantes precisam indicar o objeto selecionando uma categoria numérica. É uma escala apresentada verticalmente, em uma escala de classificação unipolar com 10 categorias numeradas de –5 a +5, sem ponto neutro (zero); quanto mais alto o número atribuído pelo respondente, maior é a precisão do termo que descreve o objeto.

Note, no exemplo a seguir, que à esquerda há uma lista de atributos e à direita eles são pontuados de acordo com a opinião do participante. Para entender melhor, analise o seguinte exemplo:

Atributos	Avaliação									
Pureza	-5	-4	-3	-2	-1	+1	+2	+3	+4	+5
Sabor	-5	-4	-3	-2	-1	+1	+2	+3	+4	+5
Aroma	-5	-4	-3	-2	-1	+1	+2	+3	+4	+5
Qualidade	-5	-4	-3	-2	-1	+1	+2	+3	+4	+5
Textura	-5	-4	-3	-2	-1	+1	+2	+3	+4	+5
Torrefação	-5	-4	-3	-2	-1	+1	+2	+3	+4	+5
Embalagem	-5	-4	-3	-2	-1	+1	+2	+3	+4	+5
Marca	-5	-4	-3	-2	-1	+1	+2	+3	+4	+5

Fonte: Adaptado de Mattar, 2012, p. 109.

A vantagem dessa técnica é que ela não pede um pré-teste dos adjetivos ou das frases que serão utilizados para certificar a verdadeira bipolaridade. No entanto, o pesquisador deve treinar bem a equipe que coletará os dados, pois muitas vezes a técnica pode ser considerada confusa.

Observe, no Quadro 4.2, a comparação entre as escalas não comparativas básicas.

Quadro 4.2 – Escalas comparativas básicas

Escala de classificação contínua	Marca ou ponto em linha contínua.	Reação a comerciais de TV.	Fácil de construir.	Os valores resultantes podem ser de difícil manipulação se não estiverem computadorizados.
Escala de Likert	Grau de concordância de 1 (discordância total) a 5 (concordância total).	Medidas de atitudes.	Fácil de construir, administrar e compreender.	Consome mais tempo.
Diferencial semântico	Escala de 7 pontos com rótulos bipolares.	Imagem de marca, do produto e da companhia.	Versátil.	Controvérsia sobre os dados serem ou não intervalares.
Escala de Stapel	Escala unipolar de 10 pontos: -5 a +5, sem ponto neutro (zero).	Medição de atitudes e imagens.	Fácil de construir; administrada pelo telefone.	Pode ser confusa e difícil de aplicar.

Fonte: Adaptado de Malhotra, 2011, p. 253.

Aaker, Kumar e Day (2004) relatam que as escalas de mensuração são muito utilizadas em pesquisa de mercado para diversas finalidades.

Na elaboração da escala, o pesquisador costuma utilizar o julgamento pessoal, que está baseado em experiências anteriores. No entanto, é preciso estar atento para as seguintes decisões que devem ser tomadas quando o pesquisador for elaborar uma escala:

» **Número de categorias utilizadas na escala** – Na teoria, o número de categorias pode ir de dois até o infinito. Em uma escala contínua, há a possibilidade de infinitas categorias. Já o número de categorias em uma escala descontínua depende de diversos fatores, isto é, da capacidade dos respondentes, do formato da entrevista e da natureza do objeto. Quando a entrevista é pessoal, pode-se aumentar o número de categorias; porém, se a entrevista for feita via telefone, esse número deve diminuir.

» **Tipos de polos utilizados na escala** – A escala pode ter um ou dois polos. Um exemplo de escala de dois polos é usar a relação bonito/feio; um exemplo de escala de um polo é a escala de Stapel.

» **Força das âncoras** – Refere-se à intensidade do adjetivo que é usado como âncora na escala. Por exemplo: pode-se usar *extremamente satisfeito, muito satisfeito* ou apenas *satisfeito*. A força das âncoras mostra-se responsável pela distribuição das respostas; nesse sentido, quanto mais forte a âncora, menor será a inclinação do participante em usar as categorias extremas, e o resultado será uma distribuição mais concentrada.

» **Rotulação das categorias** – O pesquisador deve definir se irá rotular todas as categorias ou apenas os extremos.
» **Equilíbrio da escala** – O pesquisador precisa decidir se os rótulos terão ou não equilíbrio. Uma escala equilibrada com quatro categorias utilizaria, por exemplo, as expressões *Muito boa, Boa, Ruim* e *Muito ruim*, enquanto uma escala não equilibrada usaria *Maravilhosa, Muito boa, Boa* e *Média*. Recomenda-se utilizar escalas com equilíbrio para obter resultados significativos.

Finalmente, para encerrar o tema medição e escalonamento, Aaker, Kumar e Day (2004) e Malhotra (2011) sugerem avaliar a escala em relação à validade e à confiabilidade dos resultados. Comentaremos sobre isso a seguir.

Validade dos resultados

Os resultados obtidos demonstram as diferenças entre as características dos objetos que estão sendo medidas. A validade perfeita do resultado exige a inexistência de qualquer erro de medida. Ela envolve **conteúdo**, **critério** e **construto**, conceituados a seguir.

a. A validade de conteúdo é a análise do grau de certeza que a escala está medindo, ou seja, o pesquisador deve avaliar se "os itens da escala abrangem adequadamente todo o domínio do construto que está sendo medido" (Malhotra, 2006, p. 278).

b. "A validade de critério é um tipo de validade que avalia se a escala funciona de acordo com o esperado em relação a outras variáveis selecionadas como critérios significativos" (Malhotra, 2006, p. 278).

c. A validade do construto é realizada para avaliar que construto ou características a escala está medindo e envolve: a validade convergente, que mede "a extensão em que a escala se correlaciona positivamente com outras medidas do mesmo construto" (Malhotra, 2006, p. 278); a "validade discriminante [que] avalia até que ponto uma medida não se correlaciona com outros construtos, dos quais se supõe que ela difira" (Malhotra, 2006, p. 278); e a validade nomológica, que determina a relação entre construtos teóricos. Ela procura ratificar correlações significativas entre os construtos, de acordo com uma teoria prevista.

Confiabilidade dos resultados

Resumidamente, confiabilidade diz respeito à consistência dos resultados produzidos por uma escala quando se procedem medições repetidas das características. Para tanto, é feita uma medida em períodos diferentes, aplicada em intervalos de duas a quatro semanas, computando um coeficiente de correlação. Quanto mais alto for o coeficiente, maior a confiabilidade. Além disso, é possível avaliar a consistência interna, uma abordagem utilizada para avaliar a confiabilidade de uma escala, na qual vários itens são somados para formar a totalização de um construto.

Em uma escala desse tipo, cada item mede algum aspecto do construto medido por toda a escala. Além disso, os itens devem ser consistentes na indicação das características.

Elaboração do instrumento de coleta de dados

Após apresentar os conceitos de medição e escalonamento, vamos entender outra atividade muito importante no processo de pesquisa de mercado – a elaboração do instrumento de pesquisa para aplicação em campo. O pesquisador pode, na ansiedade de definir a amostra e coletar os dados, esquecer-se de desenvolver um instrumento de coleta de dados com as perguntas certas. No entanto, é preciso lembrar que uma coleta de dados perfeita não é relevante se as perguntas tiverem pouca qualidade e resultarem em informações incorretas ou pouco úteis. Sendo assim, veremos como formular um instrumento de coleta de dados que traduza a informação desejada em um conjunto de questões específicas a que os participantes consigam responder, motivando-os e incentivando-os a se envolverem com o tema proposto, minimizando assim a possibilidade de erros nas respostas.

O instrumento de coleta de dados pode ser conceituado como aquele "através do qual as perguntas e questões são apresentadas aos respondentes e onde [sic] são registradas as respostas e os dados obtidos" (Mattar, 2012, p. 115). As dez etapas que envolvem a formulação desse tipo de instrumento estão pontuadas na Figura 4.2.

Figura 4.2 – Etapas para a formulação de um instrumento de coleta de dados

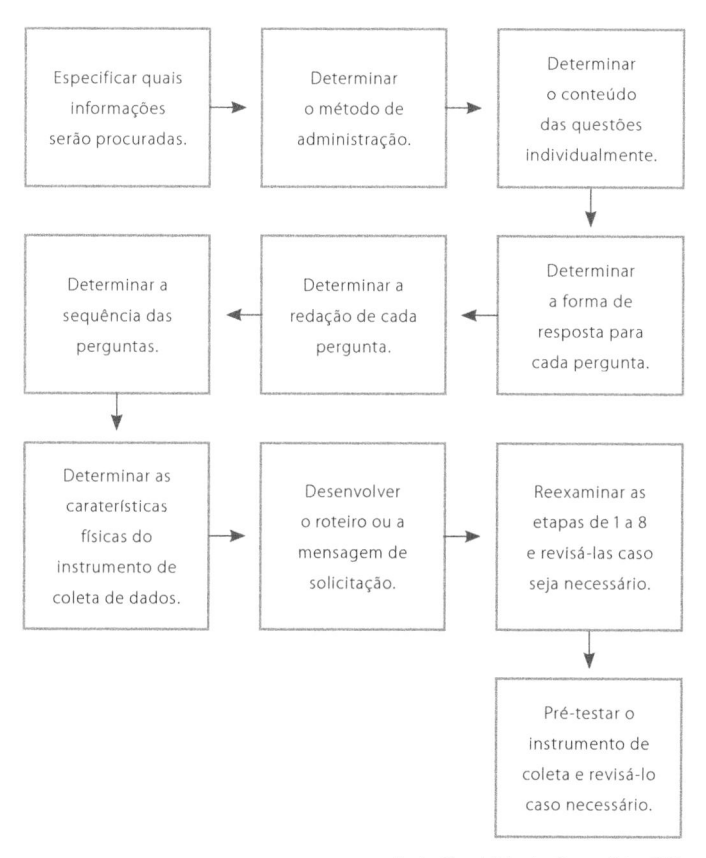

```
┌─────────────────┐    ┌─────────────────┐    ┌─────────────────┐
│ Especificar quais│    │   Determinar    │    │   Determinar    │
│   informações   │───▶│   o método de   │───▶│   o conteúdo    │
│ serão procuradas.│    │  administração. │    │   das questões  │
│                 │    │                 │    │ individualmente.│
└─────────────────┘    └─────────────────┘    └─────────────────┘
                                                       │
                                                       ▼
┌─────────────────┐    ┌─────────────────┐    ┌─────────────────┐
│   Determinar a  │    │   Determinar a  │    │   Determinar    │
│   sequência das │◀───│  redação de cada│◀───│   a forma de    │
│    perguntas.   │    │     pergunta.   │    │  resposta para  │
│                 │    │                 │    │  cada pergunta. │
└─────────────────┘    └─────────────────┘    └─────────────────┘
         │
         ▼
┌─────────────────┐    ┌─────────────────┐    ┌─────────────────┐
│  Determinar as  │    │    Desenvolver  │    │   Reexaminar as │
│   caraterísticas│    │   o roteiro ou a│    │   etapas de 1 a 8│
│    físicas do   │───▶│    mensagem de  │───▶│   e revisá-las caso│
│  instrumento de │    │    solicitação. │    │   seja necessário.│
│  coleta de dados.│    │                 │    │                 │
└─────────────────┘    └─────────────────┘    └─────────────────┘
                                                       │
                                                       ▼
                                              ┌─────────────────┐
                                              │   Pré-testar o  │
                                              │  instrumento de │
                                              │ coleta e revisá-lo│
                                              │  caso necessário.│
                                              └─────────────────┘
```

Fonte: Churchill Junior; Brown; Suter, 2011.

Vale ressaltar que, embora haja uma sequência correta, determinada pela apresentação dos quadros na Figura 4.2, é muito comum ver os pesquisadores elaborando o instrumento de coleta fora de ordem e posteriormente retomando-o para efetuar correções. Por isso, é imprescindível entender as etapas e segui-las corretamente.

Acompanhe, a seguir, cada etapa apresentada na Figura 4.2. Os referenciais teóricos que pautaram este estudo foram os seguintes autores: Malhotra (2011); Aaker, Kumar e Day, (2004); Mattar (2012); Churchill Junior, Brown e Suter (2011).

ESPECIFICAR QUAIS INFORMAÇÕES SERÃO PROCURADAS

O primeiro passo na formulação do instrumento de coleta de dados é especificar as informações procuradas. O projeto de pesquisa (exploratória ou conclusiva) requer que os pesquisadores tenham conhecimento suficiente sobre o problema para então estruturar hipóteses que orientem a pesquisa. Como já mencionado, a formulação de hipóteses ou objetivos de pesquisa é importante, pois orienta a elaboração do instrumento de pesquisa no que diz respeito às informações que deverão ser solicitadas. É importante também preparar um conjunto de **tabelas fantasmas** ou modelos. Por último, o pesquisador deve conhecer a população que será pesquisada, pois as características do grupo influenciam a elaboração do questionário (questões adequadas para executivos podem não ser adequadas para estudantes). Quanto maior a heterogeneidade do grupo, mais difícil será elaborar um questionário apropriado.

> Tabela fantasma é uma tabela em branco utilizada para catalogar dados e descrever como a análise será estruturada após a coleta de dados.

Por exemplo: uma empresa fez um estudo para entender quais características ou aspectos de um plano de saúde poderiam influenciar a escolha do cliente. Para isso, cada uma dessas características precisou ser representada por uma pergunta para que a hipótese pudesse ser testada. Observe o Quadro 4.3 para entender como esse processo se desenvolveu.

Quadro 4.3 – Estudo para entender as características de um plano de assistência médica

Objetivos de pesquisa	Necessidade de informações
1. Qual é a possível demanda para o PAM¹ proposto?	1. Atitudes e percepções em geral a respeito de assistência médica e o conceito de plano pré-pago de saúde.
2. Quais segmentos de mercado estariam mais interessados no PAM proposto?	2. Processo pelo qual o presente plano foi selecionado, fontes de informações e influências.
3. Qual será o provável índice de utilização dos serviços médicos por parte do segmento mais interessado?	3. Satisfação com o plano atual: a) geral; b) em relação a características específicas do plano; e c) intenção de mudança.
4. Quais os aspectos dos planos de saúde que tiveram maior influência no processo de escolha?	4. Reação ao projeto do PAM proposto: avaliação geral; avaliação de características específicas; preferência (comparação com o plano atual) probabilidade de adoção; e influência das mudanças nos preços e benefícios.
	5. Classificação das variáveis, incluindo as demográficas, a distância do PAM, o tempo de tendência na área, a expectativa de permanência na área X e a utilização de serviços médicos pelos membros individuais da família.

Fonte: Aaker; Kumar; Day, 2004, p. 320.
Nota: (1) PAM – Planos de Auxílio Mútuo.

DETERMINAR O MÉTODO DE ADMINISTRAÇÃO

Em seguida, o pesquisador define como as informações serão coletadas, o que depende do grau de estruturação e do disfarce a ser usado, bem como a aplicação por meio de entrevistas pessoais, telefone, *e-mail*, internet, entre outros. Para definir o melhor método a ser adotado, o pesquisador deve considerar as vantagens e as desvantagens de cada um deles.

DETERMINAR O CONTEÚDO DAS QUESTÕES INDIVIDUALMENTE

Depois de definir que informações serão procuradas e determinar o método de administração, o próximo passo é escolher o conteúdo das questões individualmente. É importante saber que cada pergunta de um questionário deve cooperar para a obtenção da informação desejada ou para algum outro fim. Pense bem: Se os dados resultantes da pergunta não servirem para nada, para que mantê-la?

Veja a seguir um exemplo:

> Você considera o tênis da NIKE bonito e confortável?
>
> Se a resposta for "não", o respondente está dizendo que o tênis NIKE não é bonito ou não é confortável? Portanto, a forma correta de perguntar é: "Você considera o tênis da NIKE bonito?"; "Você considera o tênis da NIKE confortável?".

Observe que algumas perguntas que não se relacionam com a informação necessária devem ser formuladas nos casos de temas sensíveis ou controversos. O pesquisador formula algumas perguntas neutras para disfarçar o propósito ou o patrocínio do projeto. Outro aspecto importante é a necessidade de observar se apenas uma pergunta irá fornecer a informação desejada ou se será preciso formular várias perguntas para obtê-la de forma não dúbia.

» **Os participantes têm as informações necessárias?** Outro aspecto importante é analisar se o participante tem as informações de que o pesquisador precisa, pois solicitar a participação de pessoas que não formulem respostas pertinentes ou não conheçam o tema que está sendo pesquisado pode interferir no estudo, prejudicando a qualidade dos dados coletados. Para ajudar nessa questão, recomenda-se utilizar <u>questões ou perguntas-filtro</u>.

> Indagação inicial feita em um questionário que seleciona entrevistados potenciais para assegurar que eles satisfazem as exigências da amostra (Malhotra, 2011, p. 279).

Por exemplo: para saber sobre o comportamento de consumo dos espectadores de uma determinada novela, a pergunta filtro é se o possível participante costuma assistir a essa novela.

» **O entrevistado pode lembrar?** Muitas vezes, de maneira equivocada, supomos que uma informação é comumente conhecida, porém, a tendência em esquecer um evento é uma força que afeta a capacidade do respondente de descrever de forma precisa acontecimentos e comportamentos passados. Por isso, há um espaço de tempo ideal para efetuar as perguntas. Para muitos eventos e comportamentos, o melhor período compreende de duas semanas a um mês após o ocorrido.

» **O entrevistado é capaz de formular suas respostas?** Os respondentes convidados a participar de um estudo podem demonstrar insegurança quanto à capacidade de formular certos tipos de respostas. Quando isso acontece, o participante pode ignorar a pergunta e se recusar a responder ao restante do questionário. Para evitar tal situação, o pesquisador pode auxiliá-lo fornecendo-lhe recursos como ilustrações, mapas e descrições, o que ajuda o respondente a formular suas respostas.

Determinar a forma de resposta para cada pergunta

A próxima etapa na formulação de um instrumento de pesquisa é determinar a forma de resposta para cada pergunta. Vale lembrar que as perguntas podem ser estruturadas ou não estruturadas, como mostra a Figura 4.3.

Figura 4.3 – Forma de resposta para cada pergunta

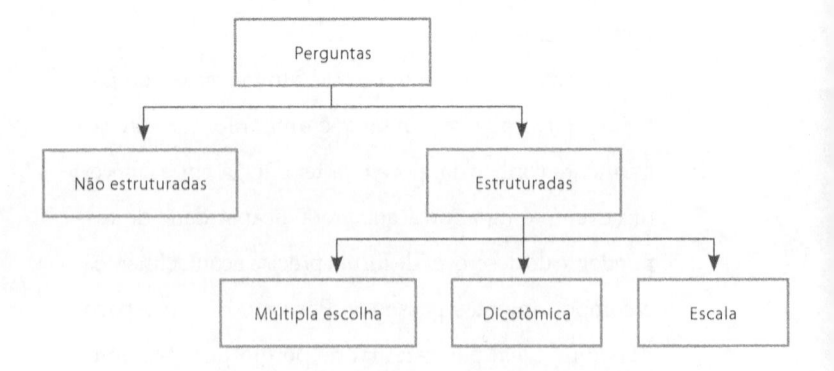

```
                    ┌───────────┐
                    │ Perguntas │
                    └─────┬─────┘
            ┌─────────────┴─────────────┐
            ▼                           ▼
   ┌─────────────────┐         ┌─────────────────┐
   │ Não estruturadas│         │  Estruturadas   │
   └─────────────────┘         └────────┬────────┘
                        ┌───────────────┼───────────────┐
                        ▼               ▼               ▼
                ┌──────────────┐ ┌─────────────┐ ┌─────────────┐
                │Múltipla escolha│ │ Dicotômica │ │   Escala    │
                └──────────────┘ └─────────────┘ └─────────────┘
```

A seguir, veremos detalhadamente como é feita a determinação de perguntas considerando as duas possibilidades ilustradas na Figura 4.3 (estruturadas e não estruturadas).

» **Perguntas não estruturadas** – São perguntas abertas às quais os entrevistados respondem com suas próprias palavras, seja por escrito, seja oralmente. Conhecidas também como *perguntas de resposta livre*, elas são indicadas nas seguintes situações:
  > Como introdução de um levantamento de campo ou um tópico.
  > Quando é importante medir a relevância de um assunto para o respondente.
  > Quando há muitas possibilidades de respostas a serem listadas ou quando as respostas não podem ser previstas.
  > Quando as respostas literais são desejadas para utilizá-las como citações em algum relatório.
  > Quando o comportamento estudado é um tema delicado ou desaprovado.

A vantagem de utilizar esse tipo de pergunta é que elas ajudam o pesquisador a obter informações valiosas em relação aos participantes do estudo e a coletar uma grande variedade de respostas. Contudo, a aplicação das perguntas não estruturadas também apresenta desvantagens, como: elevado potencial de tendenciosidade para o entrevistador, que deve registrar as respostas literalmente; a variabilidade na clareza e na profundidade das respostas, que dependem da capacidade de articulação do respondente, da disposição em participar, da capacidade do entrevistador de registrar as respostas literais rapidamente ou fazer um resumo delas quando for necessário; e o fato de que a codificação das respostas, além de dispendiosa, consome muito tempo. Veja a seguir alguns exemplos:

1. O que você faz nas horas vagas?
2. Qual a sua opinião sobre os *reality shows*?
3. Qual é sua opinião sobre empresas ambientalmente corretas?
4. Por que você comprou um carro da marca KIA?
5. Por que você esta cursando MBA em Marketing?

Note, nas perguntas do exemplo, que as respostas serão relatadas livremente, o que talvez exija do pesquisador rapidez no registro e habilidade em fazer resumos. Mas há a vantagem de coletar as respostas dos respondentes como citações diretas.

» **Perguntas estruturadas** – O respondente escolhe sua resposta a partir de um conjunto de respostas predeterminadas. O pesquisador pode solicitar ao respondente que escolha uma ou mais alternativas em uma lista de possíveis respostas ou apresentar-lhe uma escala avaliativa em que se mostra uma série ordenada de categorias que representam o espectro das respostas. Uma pergunta estruturada pode ser de múltipla escolha, dicotômica ou escalonada, conforme veremos a seguir.

> Perguntas de múltipla escolha – O pesquisador oferece uma série de alternativas. Observe os exemplos:

1. Você pretende viajar para o exterior nos próximos seis meses?
   ( ) Definitivamente não.
   ( ) Provavelmente não.
   ( ) Não decidi.
   ( ) Provavelmente viajarei.
   ( ) Definitivamente viajarei.

2. Em que tipo de mídia você viu os anúncios da Faculdade WZN?
   ( ) Mobiliário urbano (ponto de ônibus).
   ( ) *Outdoor*.
   ( ) TV.
   ( ) Rádio.
   ( ) Revista.
   ( ) Jornal.
   ( ) *Folder/flyer*/panfleto.
   ( ) Internet.
   ( ) Outros. Qual? _____.

> Perguntas estruturadas dicotômicas – Questões que apresentam apenas duas alternativas de respostas: "sim" ou "não", "concordo" ou "discordo", e assim por diante. Veja a seguir dois exemplos:

1. Você pretende comprar um carro nos próximos seis meses?
   ( ) Sim.
   ( ) Não.
2. Sexo:
   ( ) Feminino
   ( ) Masculino

As perguntas dicotômicas são indispensáveis em algumas situações – no entanto, esse tipo de pergunta não deve ser utilizado em situações que aceitam mais alternativas de resposta – por exemplo, fazer a seguinte pergunta ao cliente: "Você ficou satisfeito com o atendimento dos vendedores?", a qual ele poderá responder apenas "sim" ou "não".

Será que é esse é exatamente o tipo de resposta que o gerente da loja espera? Ou será que ele quer saber os motivos pelos quais o cliente ficou satisfeito e, principalmente, o porquê de o cliente ficar insatisfeito? É muito provável que ele queira entender os reais motivos da satisfação e da insatisfação para poder agir.

› Perguntas escalonadas – As escalas colocam os objetos que estão sendo medidos ao longo de um *continuum*. A seguir, veremos alguns exemplos da aplicação de escalas.

Escala de importância

Qual é a importância do preço na compra de um carro?

( ) Extremamente importante.

( ) Muito importante.

( ) Importante.

( ) Pouco importante.

( ) Totalmente sem importância.

Escala de classificação

O atendimento dos vendedores da loja Mamoreiro é:

( ) excelente.

( ) muito bom.

( ) bom.

( ) razoável.

( ) ruim.

Escala de intenção de compra

Se sua faculdade disponibilizasse um curso de inglês a distância, você:

( ) certamente faria.

( ) provavelmente faria.

( ) não tenho certeza.

( ) provavelmente não faria.

( ) certamente não faria.

É importante ressaltar que os tipos de perguntas que acabamos de apresentar não são mutuamente excludentes. As questões não estruturadas podem ser utilizadas em conjunto com as estruturadas para a coleta de informações adicionais.

Agora que você sabe identificar a diferença entre as perguntas estruturadas e não estruturadas e as vantagens e desvantagens em ambas as aplicações, bem como quando é apropriado utilizá-las, veremos como formular o enunciado das questões.

Determinar a redação de cada pergunta

Nessa etapa, escolhe-se a redação de cada pergunta, isto é, a tradução em palavras do conteúdo e da estrutura da questão, de maneira que os participantes possam compreendê-la de forma clara e também com facilidade. Perguntas mal redigidas podem induzir ao erro, pois o respondente poderá interpretá-las de modo equivocado.

Formular boas perguntas às vezes é difícil, mas temos algumas dicas. Para isso, é aconselhável:

» definir o problema;
» empregar palavras do dia a dia;
» evitar palavras ambíguas;
» evitar questões de orientação;
» evitar redigir alternativas que despertem informações implícitas;
» evitar suposições implícitas;
» evitar generalizações e estimativas;
» utilizar afirmações positivas e negativas.

Determinar a sequência das perguntas

Em um instrumento de pesquisa, as perguntas devem ser elaboradas seguindo uma ordem lógica. Não há princípios rígidos e rápidos, mas apenas algumas regras que orientam esse processo.

Por exemplo: usar perguntas simples e interessantes na abertura; empregar a "abordagem funil", ou seja, começar com perguntas amplas e, progressivamente, estreitar o escopo; formular todas as questões relacionadas a determinado tópico antes de iniciar um novo; projetar perguntas de ramificações – direção a se seguir no questionário com base nas respostas dadas a uma pergunta anterior – cuidadosamente; ao ocorrerem mudanças de tópico, utilizar frases de transição breves para ajudar os entrevistados a alterarem sua linha de pensamento; solicitar informações de classificações por último; deixar perguntas difíceis ou delicadas (quando houver) para o final.

No Quadro 4.4 há um exemplo da forma como um questionário pode ser organizado.

Quadro 4.4 – Organização do questionário

Sequência	Tipo	Função	Exemplo
Perguntas iniciais	Abrangentes e genéricas.	Quebrar o gelo e criar empatia com o respondente.	"Você tem uma TV de LED?"
Perguntas seguintes	Simples e diretas.	Assegurar ao respondente que o levantamento de dados é fácil de responder.	"Em quais marcas de televisão de LED você pensou quando comprou a sua?"
Perguntas posteriores a um terço do questionário	Perguntas específicas.	Mais relacionadas aos objetivos da pesquisa para conduzir o respondente à área de interesse do estudo.	"Que características você leva em conta na hora de comprar uma TV de LED?"

(continua)

(Quadro 4.4 – conclusão)

Sequência	Tipo	Função	Exemplo
Parte principal do questionário	Pergunta específica; algumas podem ser difíceis e complexas.	Obter a maioria das informações almejadas pela pesquisa.	"Classifique em ordem de importância as seguintes características de uma TV de LED:"
Últimas perguntas	Perguntas pessoais que podem ser encaradas pelo respondente como delicadas.	Obter informações demográficas e classificatórias sobre o respondente.	"Qual é seu nível formal de escolaridade?"

Fonte: Adaptado de Aaker; Kumar; Day, 2004, p. 331.

Sempre que o pesquisador elaborar um instrumento de pesquisa, é importante verificar todos os assuntos que serão tratados para garantir que no questionário constem questões pertinentes, bem como se as informações de que ele precisa são fornecidas e se estão na sequência correta.

DETERMINAR AS CARACTERÍSTICAS FÍSICAS DO INSTRUMENTO DE PESQUISA

As características físicas, tais como o formato, o espaçamento e o posicionamento das questões, podem afetar a precisão das respostas coletadas. A seguir, leia algumas sugestões para melhorar a aparência e a aceitação de um instrumento de pesquisa, principalmente nos casos de autopreenchimento: use papel de boa qualidade; privilegie a aparência do questionário; deixe, se possível, o questionário em uma única página, imprimindo-o na frente e no verso da folha; certifique-se, caso utilize perguntas de ramificações, de que as instruções estão claras; use gráficos, formas geográficas e caixas de texto para melhorar a aparência do formulário; inclua o nome da empresa que planejou e o nome do projeto, pois esses dados dão credibilidade ao estudo; elabore instruções simples e curtas.

DESENVOLVER A MENSAGEM OU O ROTEIRO DE SOLICITAÇÃO

Outro aspecto muito importante que pode afetar a aceitação do questionário é sua introdução. O roteiro deve ser desenvolvido com cuidado e previamente testado para verificar se é eficaz em motivar as pessoas a participarem do estudo. Para os métodos impessoais de aplicação, o pesquisador deverá ser ainda mais cuidadoso para atrair a atenção do participante.

Boas cartas de apresentação e bons roteiros devem ter informações como:

» quem é o pesquisador;
» o motivo de estar contatando o pesquisado;
» o motivo da solicitação da participação;
» quanto tempo vai durar a pesquisa;
» quais respostas serão anônimas ou confidenciais (se houver); e se houver, os incentivos que irão receber.

Leia, a seguir, um exemplo de conteúdo e modelo de carta de apresentação de um questionário realizado via correio. Observe as recomendações feitas para uma boa apresentação de roteiro.

Caro Sr. (a) _____,

Estamos realizando uma pesquisa nacional com executivos e gerentes de indústrias metalúrgicas. Nosso objetivo é saber a sua opinião e a de outros especialistas sobre as vantagens e as desvantagens do uso de três novos produtos de aço. Suas respostas permitirão aos fabricantes de aço estarem cientes das exigências dos usuários e do parecer de não usuários desses itens, o que os ajudará a projetar os produtos de que você precisa.

Seu nome surgiu em uma amostra aleatória cientificamente selecionada. Suas respostas são muito importantes para a precisão de nossa pesquisa, sendo ou não sua empresa usuária de um ou mais dos produtos descritos.

Você vai precisar de pouco mais de 10 minutos para responder às perguntas simples do questionário anexo. Para devolvê-lo, utilize o envelope resposta selado.

Não se preocupe, pois todas as respostas são confidenciais e serão utilizadas somente em combinações com as de outros executivos e gestores metalúrgicos.

Se tiver interesse em receber um relatório sobre as conclusões desta pesquisa, basta escrever seu nome e endereço no final do questionário, ou, se preferir, solicite os resultados da pesquisa sobre produtos de aço em uma carta separada. Será um prazer lhe enviar um relatório complementar quando estiver pronto.

Por favor, devolva o questionário preenchido assim que possível. Agradecemos sua ajuda.

> Atenciosamente,
>
> Diretor
>
> Obs.: A nota de dólar anexa é apenas um símbolo de agradecimento.

Fonte: Adaptado de Churchill Junior; Brown; Suter, 2011, p. 271.

Uma mensagem ou um roteiro bem elaborado aumenta a chance de o respondente participar do estudo, pois deixa claro quem é você, o porquê do contato, o motivo da sua participação, o tempo de duração etc.

REEXAMINAR AS ETAPAS ANTERIORES E REVISÁ-LAS CASO NECESSÁRIO

Não espere que a primeira versão do instrumento de pesquisa seja a que será aplicada. O processo pode melhorar sempre e, por isso, o pesquisador deve rever todas as etapas realizadas a fim corrigir possíveis erros.

PRÉ-TESTAR O QUESTIONÁRIO E REVISÁ-LO CASO NECESSÁRIO

Para identificar e corrigir os problemas potenciais e assegurar que o questionário atinja as expectativas do pesquisador, é recomendado testá-lo com uma pequena amostra de participantes. Para o pré-teste cumprir sua função, é importante que o pesquisador aceite as críticas e esteja disposto a corrigir as falhas dos instrumentos de pesquisa.

Também é interessante o pesquisador assumir o papel do entrevistado e responder ao próprio questionário. Em seguida, pode convidar pessoas para participar do pré-teste, porém elas devem ter características semelhantes às da amostra real, além de familiarização com o tema, as atitudes e o comportamento de interesse do pesquisador.

Recomenda-se que o pré-teste seja feito por meio de pesquisas pessoais, mesmo que a pesquisa real venha a ser realizada por telefone ou via *web*, pois, dessa forma, o pesquisador pode observar as reações e as atitudes do entrevistado. Há várias recomendações sobre o pré-teste, porém a mais importante é: nunca comece a coleta de dados antes de testar e revisar seu questionário.

Para finalizar o tema, observe, a seguir, a lista de verificação para a elaboração do instrumento de coleta de dados:

1. Especificar que informações serão procuradas.
   - Verifique se você compreende claramente o problema e o que deseja saber.
   - Faça um lista das perguntas da pesquisa. Revise-as periodicamente, à medida que você for trabalhando no questionário.
   - Utilize tabelas-modelo criadas a fim de orientar a análise de dados para sugerir perguntas ao questionário.
   - Faça uma lista das perguntas existentes sobre o assunto e revise-as para cumprir seus propósitos atuais.
2. Determinar o método de administração.
   - Use o tipo de dados a ser coletado como base para decidir o tipo de questionário.
   - Use o grau de estruturação e disfarce para orientar a seleção do método de administração.
   - Avalie sua situação observando vantagens e desvantagens das diferentes abordagens.

3. Determinar o conteúdo de questões individualmente.
    - Para cada pergunta, questione: Por que quero saber disso? Responda em termos de como isso ajudará sua pesquisa.
    - Certifique-se de que cada pergunta é específica e aborda apenas uma questão importante.
    - Questione se a pergunta se aplica a todos os entrevistados.
    - Divida perguntas que possam ser respondidas com base em diferentes estruturas de referência em perguntas múltiplas, uma correspondente a cada estrutura de referência. Se você não precisa de cada estrutura de referência, reformule a pergunta cuidadosamente para fornecer apenas a perspectiva de que você necessita.
    - Questione se os entrevistados são informados sobre o tema e se conseguem lembrar do assunto do qual a pergunta está tratando.
    - Certifique-se de que o período da pergunta é apropriado para o assunto.
    - Evite perguntas que exijam um esforço excessivo ou que lidem com questões delicadas. Se precisar, garanta o anonimato ou a confidencialidade; faça uso de uma declaração não tendenciosa; formule a pergunta colocando-se no lugar dos outros a fim de compreender como eles poderiam se sentir ou agir.
    - Coloque as perguntas delicadas no final.
    - Use o modelo de respostas aleatório.

4. Determinar a forma de resposta para cada pergunta.
    - Determinar que tipo de pergunta – estruturada ou não estruturada – fornece dados que atendem às necessidades de informações do projeto.
    - Use perguntas estruturadas sempre que possível.
    - Use perguntas não estruturadas que exigem respostas curtas para começar um questionário.
    - Tente converter perguntas não estruturadas em perguntas de respostas fixas para reduzir a carga de trabalho e o esforço de codificação para estudos descritivos e causais.
    - Ao utilizar perguntas de múltipla escolha, certifique-se de que as opções não são exaustivas e mutuamente exclusivas.
5. Determinar a redação de cada pergunta.
    - Use palavras simples.
    - Evite palavras e perguntas ambíguas.
    - Evite perguntas tendenciosas.
    - Evite alternativas não declaradas.
    - Evite consequências presumidas.
    - Evite generalizações e estimativas.
    - Certifique-se de que cada pergunta seja o mais específica possível.
6. Determinar a sequência das perguntas.
    - Utilize perguntas simples e interessantes como abertura.

- Use a abordagem de funil, primeiro fazendo perguntas amplas e estreitando-as depois.
- Projete perguntas de ramificações com cuidado; prepare um fluxograma sempre que elas forem usadas.
- Solicite informações de classificação por último, de modo que, se o entrevistado recusar, os demais dados ainda sejam utilizáveis.
- Faça perguntas difíceis ou delicadas no final do questionário, quando a comunicação é melhor.

7. Determinar as características físicas do questionário.
    - Assegure-se de que o questionário tem uma aparência normal e é relativamente fácil de responder.
    - Use papel e impressão de alta qualidade.
    - Tente tornar o questionário o mais curto possível.
    - Informe o nome da organização que conduz a pesquisa na primeira página.
    - Enumere as perguntas para facilitar o processamento dos dados; se houver mais do que 8 a 10 perguntas, numere-as em seções.
    - Use instruções concisas e claras, especialmente com perguntas de ramificações.
    - Use gráficos adequados para melhorar a aparência do questionário.

8. Desenvolver o roteiro ou a mensagem de solicitação.
    - Mantenha a mensagem o mais breve possível, mas conserve as seguintes informações: quem é você; por que você está estabelecendo contato; qual é

seu pedido de ajuda no fornecimento de informações; tempo estimado que levará a participação; informação de que respostas serão anônimas ou confidenciais; e os incentivos que serão fornecidos, se for o caso.
> Pratique o roteiro até que soe natural, ao invés de "enlatado" ou memorizado.

9. Reexaminar as etapas de 1 a 8 e revisá-las caso necessário.
> Examine cada palavra de cada pergunta para garantir que nenhuma delas esteja confusa, ambígua ou ofensiva.
> Peça aos membros da equipe de pesquisa que completem as perguntas utilizando o método de administração selecionado.

10. Pré-testar o questionário e revisá-lo caso necessário.
> Teste previamente o questionário por meio de entrevistas pessoais entre entrevistados semelhantes aos que serão abordados no estudo real.
> Obtenha comentários dos entrevistadores e entrevistados para descobrir quaisquer problemas com o questionário e revise-o, se necessário. Quando as revisões forem substanciais, repita a etapa 9 e realize novamente o pré-teste com entrevistados reais.
> Pré-teste o questionário por correio ou por telefone para descobrir problemas exclusivos ao modo de administração.

> Codifique e analise as respostas de pré-testes em tabelas-modelo para determinar se as perguntas estão fornecendo informações adequadas.
> Elimine perguntas que não forneçam informações adequadas e revise aquelas que causam problemas.

Fonte: Adaptado de Churchil; Brown; Suter, 2011, p. 275.

Lembre que um instrumento de pesquisa bem elaborado é fundamental para que o pesquisador atinja os objetivos do estudo. Sendo assim, fazer um teste prévio com uma pequena amostra do público-alvo ajuda a reduzir as chances de o pesquisador iniciar a coleta de dados com o questionário contendo erros.

Formulário de observação

Diferentes dos questionários, os formulários utilizados para registrar os dados da observação são mais fáceis de elaborar. Nesse caso, o pesquisador não precisa se preocupar em como as perguntas e as formas utilizadas afetarão as respostas.

O pesquisador deverá elaborar um formulário identificando de forma clara as informações desejadas; essa ação lhe permitirá registrar com precisão as informações e simplificará a codificação, a entrada e a análise de dados. Os formulários devem conter as seguintes informações: quem, o quê, quando, onde, por que e o modo de comportamento a ser observado. Os formulários de observação devem ser testados previamente, assim como os questionários.

A seguir, apresentamos os seguintes exemplos de instrumentos de pesquisa:

1. Roteiro de entrevista utilizado para verificar a evolução dos conceitos e das práticas do marketing de relacionamento (MR) no varejo farmacêutico de Curitiba e a forma de mensuração de resultados.
2. Questionário de pesquisa utilizado para descobrir o que traz satisfação aos usuários de *shopping centers*.
3. Formulário de observação utilizado para avaliar o serviço prestado pelos funcionários do banco Beta.

Leia os exemplos e tente identificar os tipos de perguntas e escalas utilizados pelos pesquisadores para a construção do instrumento de pesquisa:

Objetivo geral: Verificar a evolução dos conceitos e das práticas do marketing de relacionamento (MR) no varejo farmacêutico de Curitiba e a forma de mensuração de seus resultados.

1. Identificação do entrevistado:
   Nome: _____.
   Cargo/função: _____.
   Tempo de empresa: _____.
   Tempo na função: _____.
   Escolaridade: _____.
2. Identificação da empresa (dados históricos):
   a. Faça um breve relato sobre a história da empresa.
   b. Qual é a missão da empresa?
   c. Há quanto tempo a empresa atua neste mercado?
   d. Qual é o número de funcionários que a empresa tem?

e. Qual é o número de farmácias do grupo?
  f. Quais são os principais produtos comercializados?
3. Fatores ambientais:
  a. Quais fatores ambientais (fatores externos à organização) provocaram mudanças no setor farmacêutico nos últimos anos?
  b. Essas mudanças modificaram a forma de a empresa se relacionar com seus clientes? Como?
4. Marketing de relacionamento (cultura organizacional):
  a. Quais são os valores da organização?
  b. Esses valores refletem a preocupação da empresa em estabelecer relacionamento de longo prazo com os consumidores? Explique.
  c. Qual é a orientação da cultura e dos valores da organização?
  d. Como a empresa analisa o conhecimento sobre o seu cliente?
  e. Para a empresa, o que significa a manutenção dos clientes?
  f. Para a empresa, o que significa a conquista de novos clientes?
  g. Para a empresa, é mais importante conquistar o maior número de clientes ou aumentar a participação dos consumidores atuais?
  h. A empresa realiza pesquisa de mercado? Para quais fins?
  i. Como a empresa busca conhecer seus concorrentes?

j. A empresa compartilha com as áreas de interesse as informações estratégicas dos concorrentes? Como? E a conquista de novos clientes?

k. É mais importante para empresa conquistar o maior número de clientes ou aumentar a participação dos consumidores atuais?

l. A empresa realiza pesquisa de mercado? Para quais fins? Como a empresa busca conhecer seus concorrentes?

5. Estratégia:

   a. Qual é o propósito (objetivo) do MR para empresa? Quando a empresa adotou o MR?

   b. Descreva quais foram as razões que levaram a empresa a adotar o MR.

   c. Como foram selecionados os grupos de consumidores para as ações de MR? Quais são esses grupos? Eles foram alterados ao longo do tempo?

   d. Foi realizado algum estudo ou pesquisa para verificar quais ações de MR estavam sendo praticadas no mercado e quais eram as mais adequadas para a empresa?

   e. Quais foram as ações praticadas pela empresa quando o MR foi adotado? Por que foram escolhidas tais atividades? Elas alteraram-se ao longo do tempo?

   f. Os canais de comunicação com os clientes são informatizados?

   g. As informações sobre os consumidores são utilizadas pelos departamentos de vendas, atendimento e

marketing para aperfeiçoar seus processos ou entregar valor ao cliente?
h. O banco de dados dos consumidores pode ser acessado todas as vezes que os clientes entram em contato?
i. A implantação do **CRM** trouxe mudanças de processo na empresa? Quais?
j. Quais são os canais de comunicação utilizados para se comunicar com os consumidores? Como é realizada essa comunicação?
k. O *call center* é uma ferramenta do CRM utilizada pela empresa para aprofundar e melhorar o relacionamento com o consumidor?
l. A empresa leva em consideração a opinião do consumidor?
m. Existe política de recuperação de clientes?

> *Customer Relantionship Management* é (CRM) uma ferramenta de gestão do relacionamento com o cliente.

Fonte: Adaptado de Mady, 2009.

Questionário

Objetivo geral: Descobrir o que gera satisfação dos usuários de *shoppings centers*.

Shopping: _____

N. do participante _____   Data: ___/___/_____

Dia da semana: _____ Hora: _____

Bom dia/Boa tarde, meu nome é _____, sou da empresa de pesquisa Insight e estamos realizando um estudo para descobrir o que gera satisfação dos usuários de *shoppings centers*. Esta pesquisa dura aproximadamente 20 minutos.

1. Sexo ( )
   a. Feminino.
   b. Masculino.

Pensando sempre no *shopping center*, responda às perguntas a seguir:

2. Com que frequência você costuma vir ao *shopping*? ( )
   a. Todos os dias.
   b. Pelo menos 3 vezes por semana.
   c. Pelo menos 1 vez por semana.
   d. Pelo menos 1 vez a cada 15 dias.
   e. Pelo menos 1 vez por mês.
   f. Menos de 1 vez por mês.
3. Qual foi o principal motivo que trouxe você ao *shopping* hoje? ( )
   a. Pesquisar preço de produtos/serviços.
   b. Fazer compras.
   c. Ir ao cinema.
   d. Paquerar/Namorar.
   e. Encontrar amigos.
   f. Ir ao banco, à academia, ao cabelereiro.
   g. Fazer refeições.
   h. Ver gente.
   i. Levar as crianças para se divertirem.
   j. Passear, olhar vitrines.
   k. Outros. O quê? _____.

4. Em uma escala de 1 a 10, em que 1 significa "Muito insatisfeito" e 10 "Muito satisfeito", atribua a nota que achar conveniente aos itens referentes ao *shopping*.
   a. Acesso e estacionamento ( )
   b. Comodidade e conveniência ( )
   c. *Mix* de loja ( )
   d. Arquitetura e atmosfera ( )
   e. Atendimento ( )
   f. Serviços ( )
   g. Lazer e entretenimento ( )
   h. Praça de alimentação ( )
   i. Promoções ( )
5. Em uma escala de 1 a 10, em que 1 significa "Discordo totalmente" e 10 "Concordo totalmente", atribua a nota que achar conveniente para o que cada um destes fatores significam para você, levando em consideração a frase: "Para mim o *shopping* é":
   a. um *shopping* de prestígio ( )
   b. marcante ( )
   c. confiável ( )
   d. atraente ( )
   e. símbolo de *status* ( )
   f. forte ( )
   g. diferenciado ( )

6. Durante esta visita ao *shopping*, você se sentiu:

(1) Atraente	1__:2__:3__:4__:5__:6__:7__	Não atraente
(2) Bonito(a)	1__:2__:3__:4__:5__:6__:7__	Feio(a)
(3) Rico(a)	1__:2__:3__:4__:5__:6__:7__	Pobre
(4) Forte	1__:2__:3__:4__:5__:6__:7__	Fraco(a)
(5) Seguro(a)	1__:2__:3__:4__:5__:6__:7__	Inseguro(a)
(6) Com vitalidade	1__:2__:3__:4__:5__:6__:7__	Sem vitalidade
(7) Sofisticado(a)	1__:2__:3__:4__:5__:6__:7__	Simples
(8) Bem-sucedido(a)	1__:2__:3__:4__:5__:6__:7__	Mal sucedido(a)
(9) Glamoroso(a)	1__:2__:3__:4__:5__:6__:7__	Não glamoroso(a)

7. Em uma escala de 1 a 10, em que 1 significa "Nada" e 10 significa "Extremamente", atribua a nota que você achar conveniente para cada uma destas emoções, levando em consideração a sua experiência de consumo.

   a. Irritado ( )
   b. Tenso ( )
   c. Apavorado ( )
   d. Feliz ( )
   e. Furioso ( )
   f. Ansioso ( )
   g. Alegre ( )
   h. Depressivo ( )
   i. Aliviado ( )
   j. Otimista ( )
   k. Nervoso ( )
   l. Triste ( )
   m. Assustado ( )
   n. Infeliz ( )
   o. Aliviado ( )

p. Satisfeito ( )
q. Calmo ( )
r. Saudoso ( )
s. Culposo ( )
t. Afetuoso ( )

8. Em uma escala de 1 a 10, em que 1 significa "Muito insatisfeito" e 10 "Muito satisfeito", atribua a nota que você achar conveniente para a seguinte pergunta:
Como você avalia sua satisfação em relação ao *shopping*? ( )

9. Em uma escala de 1 a 10, em que 1 significa "Muito abaixo da minha expectativa" e 10 "Muito acima das minhas expectativas", atribua a nota que você achar conveniente para a seguinte questão:
Como você avalia o *shopping*? ( )

10. Em uma escala de 1 a 10, em que 1 significa "Muito abaixo do ideal" e 10 "Muito acima do ideal", atribua a nota que você achar conveniente para a seguinte questão:
Como você avalia o *shopping*? ( )

Fonte: Adaptado de Lima, 2013.

Formulário de observação

Objetivo geral: Avaliar o serviço prestado pelos funcionários do banco Beta.

Banco: _____

Data: ___/___/_____ Horário: _____

Nome: _____

Nome do funcionário do banco: _____

1. Como o nome foi obtido?

    ( ) O funcionário tinha crachá.

    ( ) Placa de identificação no balcão ou na mesa.

    ( ) Funcionário forneceu o nome.

    ( ) O cliente forneceu o nome.

    ( ) Nome fornecido por outro funcionário.

    ( ) Outros _____.

2. Habilidade de relacionamento com o cliente:

	Sim	Não	Não se aplica
O funcionário percebeu você e cumprimentou-o imediatamente?			
O funcionário falou agradavelmente e sorriu?			
O funcionário descobriu seu nome?			
O funcionário usou seu nome durante o atendimento?			
O funcionário convidou-o para se sentar?			
O funcionário foi prestativo?			
A mesa ou a área de trabalho do funcionário estava limpa e organizada?			
O funcionário mostrou interesse em você como cliente?			
O funcionário apresentou o banco e seus serviços com entusiasmo?			
O funcionário soube lidar com interrupções de forma eficaz?			

Comente quaisquer detalhes positivos ou negativos da transação que você tenha achado particularmente notáveis.

3. Habilidade de vendas:

	Sim	Não	Não se aplica
O funcionário verificou se você teve/tem alguma conta em banco?			
O funcionário utilizou perguntas abertas para obter informações a seu respeito?			
O funcionário ouviu o que você tinha a dizer?			
O funcionário vendeu os serviços do banco mostrando como eles poderiam ajudá-lo?			
O funcionário lhe pediu para abrir o serviço sobre o qual você perguntou?			
O funcionário lhe pediu que abrisse uma conta no banco?			
No final da transação, o funcionário perguntou se você tinha alguma dúvida ou se compreendeu o serviço?			
O funcionário lhe deu folhetos sobre outros serviços?			
O funcionário lhe deu um cartão de visita?			
O funcionário indicou que você poderia ser contatado por telefone, cartão ou carta como *follow-up*?			

O funcionário lhe pediu que abrisse ou utilizasse outros serviços? Quais?

_____

_____

Comente a eficácia geral das habilidades de vendas do funcionário.

_____
_____
_____
_____

Fonte: Adaptado de Churchill Junior; Brown; Suter, 2011, p. 279.

Síntese

Muitas questões de levantamento de campo são utilizadas para medir atitudes, e essas informações são obtidas por meio de mensuração e construção de escala. O escalonamento, que pode ser considerado parte da medição, é um processo de criação de um *continuum* no qual os objetos são identificados de acordo com a quantidade da característica medida que têm (Malhotra, 2011). As escalas primárias ou básicas são classificadas em *nominais, ordinais, intervalares* e *de razão*. Geralmente as escalas utilizadas em pesquisa são as comparativas e não comparativas.

Após a medição e o escalonamento, o pesquisador deve elaborar o instrumento de coleta de dados, observando as seguintes etapas: especificação das informações que serão procuradas; determinação do método de administração, do conteúdo das questões, da forma de resposta para cada pergunta, da redação de cada pergunta, bem como das características físicas do instrumento de coleta de dado; desenvolvimento do roteiro ou da mensagem de solicitação; revisão das etapas de elaboração do instrumento de coleta de dados; e realização de um teste prévio.

Questões para revisão

1. Diferencie escala comparativa de escala não comparativa.

2. Quais são as decisões a serem tomadas ao elaborar uma escala?

3. Assinale a alternativa correta a respeito de medição e escalonamento:
   a. Medir consiste em atribuir números ou outros símbolos a certas características de objetos de interesse, de acordo com certas regras predefinidas, e o escalonamento é considerado parte da medição.
   b. Escalonar significa atribuir números e outros símbolos a certas características de objetos de interesse, de acordo com certas regras predefinidas, sendo o escalonamento considerado parte da medição.
   c. Mensurar significa atribuir números ou outros símbolos a certas características de objetos de interesse, de acordo com certas regras predefinidas, não sendo possível estabelecer uma relação com o escalonamento.
   d. Medir significa atribuir somente números a certas características de objetos de interesse, de acordo com certas regras predefinidas, e o escalonamento é considerado parte da medição.

4. Assinale a alternativa que completa corretamente a seguinte afirmação:
   As perguntas que oferecem uma série de alternativas de respostas são chamadas de:

a. estruturadas.
b. dicotômicas.
c. múltipla escolha.
d. escalonadas.

5. Para identificar e eliminar problemas potenciais e assegurar que o questionário irá atingir as expectativas do pesquisador, é recomendado realizar:
   a. a aplicação do questionário.
   b. a revisão do questionário.
   c. o pré-teste.
   d. uma entrevista.

Para saber mais

Para saber mais sobre a importância das técnicas de escalonamento em pesquisa de marketing, leia o artigo disponível no *site* a seguir:

VIEIRA, V. A. A importância das técnicas de escalonamento em pesquisa de marketing. *Revista Ciências Empresariais da Unipar*, Toledo, v. 3, n. 2, p. 151-166, jul./dez. 2002. Disponível em: <http://revistas.unipar.br/empresarial/article/viewFile/1476/1297>. Acesso em: 20 abr. 2013.

capítulo 5
amostragem, coleta, preparação e análise de dados

Conteúdos do capítulo
» Amostragem e tamanho da amostra.
» Etapas do processo de amostragem.
» Coleta de dados.
» Preparação e análise dos dados.

Após o estudo deste capítulo, você será capaz de:
1. entender como ocorre o processo de amostragem;
2. definir o tamanho da amostra;
3. conhecer o processo de coleta de dados;
4. entender como é realizada a preparação e a análise de dados.

No capítulo anterior, conhecemos como ocorre a medição e o escalonamento e a elaboração do instrumento de pesquisa. Agora, vamos abordar todo o método de especificação do processo de amostragem e do tamanho da amostra para a coleta de dados.

Etapa 3 – Coleta de dados: especificação do processo de amostragem e do tamanho da amostra

A amostragem faz parte do planejamento de pesquisa. Nessa etapa, o pesquisador precisa selecionar as amostras de uma população. Além disso, espera-se que ele já tenha determinado o problema, os objetivos e as hipóteses da pesquisa, definido as técnicas de pesquisa que irá adotar, o processo de medição e escalonamento, bem como construído o instrumento de coleta de dados. Agora é o momento de pensar no processo de amostragem.

Geralmente as pesquisas de mercado são realizadas para coletar dados sobre as características ou os parâmetros de uma população. Por exemplo: para definir o percentual da população de um estado que tem planos de saúde, é possível fazer um censo, isto é, perguntar a cada habitante se ele tem ou não plano. Todavia, realizar um censo pode ter um custo alto e demorar muito, o que torna o processo inviável. Para resolver essa questão, o pesquisador pode escolher um subgrupo da população que represente o universo pesquisado (Aaker; Kumar; Day, 2004; Mattar, 2012). Para você entender melhor a diferença entre população, censo e amostra, observe o Quadro 5.1.

Quadro 5.1 – Diferença entre população, censo e amostra

População	Censo	Amostra
É a soma de todos os elementos que compartilham algum conjunto de características comuns, conformando o universo para o problema de pesquisa de marketing.	Envolve a enumeração completa dos elementos de uma população ou de objetos de estudo.	É um subgrupo de uma população, selecionado para participação no estudo.

Fonte: Malhotra, 2011.

Recomenda-se usar o censo nas situações em que a população é muito pequena. Por exemplo: um pesquisador precisar analisar a eficácia dos programas de fidelidade das redes de farmácias na cidade de Londrina. Note que é possível incluir os elementos da população, visto que são poucas as redes de farmácias nessa cidade.

Por outro lado, quando o tamanho da população é muito grande e a realização do censo terá um custo muito alto e levará muito tempo – por exemplo, pesquisar toda a população de São Paulo sobre a intenção de votos para eleições municipais –, é adequado utilizar amostras (Aaker; Kumar; Day, 2004).

Malhotra (2011), Aaker, Kumar e Day (2004), Mattar (2012) e Churchill Junior, Brown e Suter (2011) defendem que o processo de planejamento de uma amostragem inclui de cinco a oito etapas, que estão resumidas na Figura 5.1 (vamos considerar a divisão em cinco etapas).

Figura 5.1 – Etapas do processo de amostragem

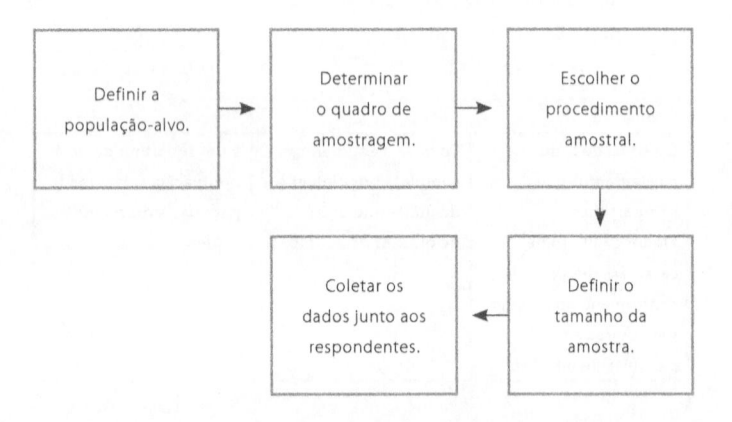

```
┌─────────────┐    ┌─────────────┐    ┌─────────────┐
│  Definir a  │ -> │ Determinar  │ -> │ Escolher o  │
│ população-  │    │ o quadro de │    │procedimento │
│   alvo.     │    │ amostragem. │    │  amostral.  │
└─────────────┘    └─────────────┘    └─────────────┘
                                             │
                                             v
┌─────────────┐    ┌─────────────┐
│ Coletar os  │ <- │  Definir o  │
│dados junto  │    │ tamanho da  │
│aos responden│    │   amostra.  │
│   tes.      │    │             │
└─────────────┘    └─────────────┘
```

Na sequência, conheceremos a explicação de cada etapa resumida na Figura 5.1, com base no referencial teórico mencionado anteriormente.

Definir a população-alvo

No momento em que o pesquisador precisa definir o processo de amostragem, o primeiro passo é selecionar todos os indivíduos ou os objetos que têm as informações que o interessem, a partir das quais serão feitas as inferências. Por exemplo: uma pesquisa que visa determinar os fatores que influenciam na retenção dos clientes de salões de beleza em uma determinada cidade requer a especificação de quem deve ser considerado cliente de salões de beleza. Para isso, o pesquisador precisa refletir sobre as seguintes questões:

» Alguém que frequente o salão de beleza apenas eventualmente deve ser considerado para o estudo?
» E alguém que vai ao salão apenas uma vez por mês?
» E alguém que frequenta diversos salões?

Responder a essas questões é fundamental para ajudar o pesquisador a definir de forma clara e precisa a população-alvo da pesquisa. Além disso, é necessário:

» Reexaminar os objetivos de pesquisa, visto que, se estes forem estabelecidos de forma clara, ficará muito mais fácil definir a população-alvo.
» Conhecer o mercado, pois se o pesquisador busca conhecer a resposta do mercado a alguns elementos do programa de marketing, é imprescindível que ele tenha conhecimento sobre o mercado. Um levantamento prévio pode fornecer-lhe informações relevantes e ajudá-lo na definição da população-alvo.

» Considerar a unidade de amostragem adequada. A população-alvo consiste em unidades de amostragem, que podem ser formadas por pessoas, lojas, domicílios, ações organizacionais, produtos, entre outros. Sendo assim, é fundamental definir qual unidade de amostragem é apropriada.

» Especificar de maneira clara o que será excluído na especificação da população-alvo.

» Não limitar demasiadamente a população-alvo – ela deve ser compatível como os objetivos de pesquisa. A definição da população não deve ser muito limitada também porque o pesquisador poderá ter dificuldade de reproduzi-la mais tarde.

» Priorizar, quando possível, as populações que são convenientes à realização da amostragem.

É importante ressaltar que a população-alvo deve ser definida em termos de elemento (objeto que contém as informações desejadas pelo pesquisador), unidades amostrais (unidades básicas que contém os elementos da população que será submetida à pesquisa), alcance e tempo. Para facilitar o entendimento, leia o exemplo a seguir.

> Digamos que o Boticário quisesse conhecer a opinião das suas clientes em relação ao lançamento de uma nova linha de perfumes e, para tanto, pretendesse extrair uma amostra de pessoas do sexo feminino, com idade entre 16 e 35 anos. Para isso, o pesquisador poderia selecionar diretamente uma

> amostra de mulheres com a idade desejada. Perceba que, nesse caso, a unidade amostral seria a mesma de um elemento. Por outro lado, o pesquisador poderia selecionar como unidade amostral um lar, ou seja, uma casa selecionada aleatoriamente, e as mulheres com idade entre 16 e 35 anos participariam do estudo. Preste atenção: na situação apresentada, a unidade amostral (no caso, o lar) e o elemento (no caso, as mulheres participantes da pesquisa) são diferentes.

Determinar o quadro de amostragem

Depois de o pesquisador definir claramente a população-alvo, o próximo passo é encontrar uma estrutura adequada de amostragem, isto é, uma representação dos elementos da população-alvo.

Uma representação gráfica pode ser uma listagem de elementos da população da qual a amostra efetiva será retirada, por exemplo, os assinantes de uma revista, os clientes de uma rede de farmácias ou os alunos de uma faculdade. Vale ressaltar que a descrição de uma estrutura da amostra não precisa enumerar todos os membros da população, mas deve, sim, ter uma quantidade suficiente para especificar o procedimento pelo qual cada unidade de amostra será localizada. Por exemplo, um membro de uma amostra probabilística de jovens com idade para fazer vestibular poderia ser obtido pela seleção aleatória de uma escola de ensino médio, uma classe e, finalmente, um aluno.

Escolher o procedimento amostral

Se o pesquisador optou por utilizar o censo, não será necessária a escolha do procedimento amostral, já que ele entrevistará toda a população. No entanto, se ele for retirar uma amostra da população, é preciso selecionar um processo específico de amostragem.

As técnicas de amostragem são divididas em duas grandes categorias: não probabilísticas e probabilísticas.

Amostragem não probabilística

Essa categoria de amostragem confia no julgamento pessoal do pesquisador. Muitas vezes, as escolhas envolvem quem deve ser abordado e, até mesmo, quando e onde os dados devem ser coletados. Apesar de oferecer boas estimativas das características da população, ela não permite uma avaliação objetiva da precisão dos resultados amostrais.

As técnicas de amostragens não probabilísticas mais comuns são as por conveniência, por julgamento, por cotas e bola de neve. Veja essa segmentação na Figura 5.2 a seguir.

Figura 5.2 – Técnicas de amostragem não probabilística

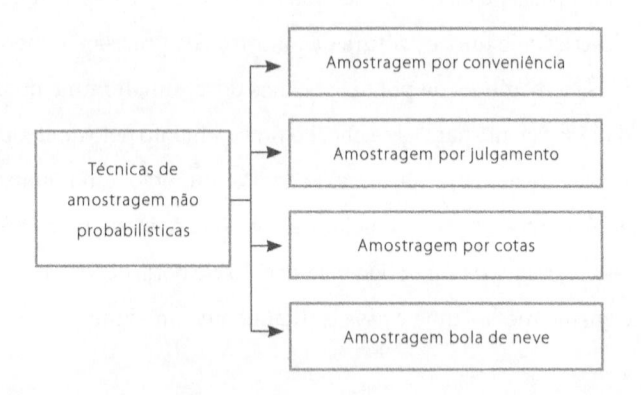

```
                              ┌─► Amostragem por conveniência
                              │
┌──────────────────┐          ├─► Amostragem por julgamento
│    Técnicas de   │          │
│  amostragem não  ├──────────┤
│  probabilísticas │          ├─► Amostragem por cotas
└──────────────────┘          │
                              └─► Amostragem bola de neve
```

A seguir, apresentaremos as definições de cada uma delas.

» **Amostragem por conveniência** – Como o próprio nome diz, o pesquisador utiliza esse tipo de amostra por questão de conveniência, isto é, muitas vezes, as pessoas são escolhidas por estarem no lugar exato e na hora certa. A obtenção desse tipo de amostra é mais fácil, pois basta o pesquisador sair e encontrar um local com muitas pessoas disponíveis para a realização da pesquisa. Há casos em que o pesquisador envia o instrumento de pesquisa via *e-mail* ou o disponibiliza na internet para que as pessoas respondam a sua pesquisa.

Leia, na sequência, alguns exemplos do uso de amostras por conveniência:

» Solicitar às pessoas que, voluntariamente, testem um produto e, em seguida, respondam a uma entrevista.
» Parar pessoas em um supermercado e coletar suas opiniões.
» Colocar à disposição dos telespectadores linhas telefônicas para registrar, automaticamente, opiniões a favor ou contra alguma colocação formulada durante um programa de televisão ao vivo.

Fonte: Adaptado de Malhotra, 2011, p. 134.

Recomenda-se utilizar a amostragem por conveniência nos estudos exploratórios cujo objetivo é aprofundar o conhecimento sobre um tema ou no desenvolvimento de uma hipótese. Não é indicado chegar a conclusões importantes com base nesse tipo de amostra, principalmente porque o pesquisador, muitas vezes, não tem como saber se aquelas pessoas que participaram da pesquisa representam adequadamente a população-alvo.

» **Amostragem por julgamento** – Nesse tipo de amostragem, o pesquisador seleciona os elementos da população com base no próprio julgamento. A hipótese básica dessa técnica é de que o bom julgamento e a estratégia adequada ajudam na escolha dos casos a serem incluídos e, dessa forma, consegue-se uma amostra que seja satisfatória para as necessidades da pesquisa.

A seguir, apresentaremos um exemplo da aplicação da amostragem por julgamento.

> A empresa Procter & Gamble (P&G) utilizou a amostragem por julgamento ao fazer um anúncio para estagiários de 13 a 17 anos de uma determinada região dos Estados Unidos (EUA). O departamento de alimentos e a divisão de bebidas da empresa contrataram um grupo de adolescentes, que seriam uma espécie de painel de consumidores. Eles trabalharam dez horas semanais em troca de mil dólares e uma viagem para um *show*. Esses adolescentes examinaram comerciais de televisão, visitaram o *shopping center* com gerentes da P&G para estudar exposições de varejo, testaram novos produtos e discutiram seu comportamento de compra.
>
> Ao selecionar os membros do painel por meio de um processo de contratação não aleatório, a empresa conseguiu focalizar traços que considerava úteis, por exemplo, a capacidade de os adolescentes articularem seus pontos de vista com clareza, correndo o risco de que essas opiniões não pudessem ser representativas da faixa etária.

Fonte: Adaptado de Churchill Junior; Brown; Suter, 2011, p. 294.

» **Amostragem por cotas** – Constitui um tipo especial de amostra não intencional. Pode ser entendida como uma amostragem por julgamento em dois estágios: primeiro o pesquisador desenvolve categorias ou cotas de controle de elementos da população e, na sequência, seleciona os elementos da amostra com base em conveniência ou julgamento.

Por exemplo: um pesquisador quer coletar uma amostra de mil pessoas de uma cidade e conhecer como a população está distribuída geograficamente. Os entrevistadores podem ser orientados a obter, por meio de amostragens por conveniência ou julgamento, 100 entrevistas na zona oeste, 300 na zona norte, 200 da zona sul e assim por diante. Vale lembrar que a amostragem por, cotas se baseia em dados demográficos, como localização geográfica, idade, sexo, escolaridade e renda. Sendo assim, o pesquisador sabe que a amostra reflete a população no que diz respeito a essas características. A seguir, veremos um exemplo da amostragem por cotas.

Foi realizada uma pesquisa para determinar a leitura de certas revistas pela população adulta de uma área metropolitana com uma população de 350 mil habitantes. Para isso, foi selecionada uma cota de amostragem de 1.500 adultos.

As características de controle foram sexo, idade e raça. Com base na composição da população adulta da comunidade, as cotas foram distribuídas da seguinte forma:

Características de controle	Composição da população %	Composição da amostra %	Número
Sexo			
Masculino	48	48	720
Feminino	52	52	780
Total	100	100	1500
Idade			
18 a 30	27	27	405
31 a 45	39	39	585
46 a 60	16	16	240
Mais de 60	18	18	270
Total	100	100	1500
Raça			
Branco	59	59	885
Negro	35	35	525
Outros	06	06	90
Total	100	100	1500

Fonte: Adaptado de Malhotra, 2011, p. 308.

Na amostragem por cotas, o pesquisador deve evitar as tentações de pesquisar amigos e vizinhos e de ir a bairros conhecidos e de fácil acesso ou a locais com grandes quantidade de pessoas (*shoppings*, escolas, bairros), pois essa atitude pode interferir nos resultados do estudo.

» **Amostragem bola de neve** – Também chamadas de *autogeradas*, são aquelas em que o pesquisador escolhe um grupo de participantes por meio da rede de conhecidos dos participantes da amostra. Após a entrevista, o pesquisador solicita que eles indiquem outros elementos pertencentes à população de interesse, e assim age sucessivamente até construir a amostra.

Esse tipo de amostragem é indicado quando o pesquisador necessita atingir populações pequenas e especializadas.

Veja a seguir um exemplo da aplicação da amostragem bola de neve.

> Uma empresa pretende definir a aceitação de um produto direcionado para pessoas com deficiência visual. O pesquisador pode selecionar algumas pessoas com deficiência visual e entrevistá-las e, em seguida, solicitar que elas indiquem outras pessoas com a mesma deficiência para participarem do estudo, agindo assim sucessivamente, até que a quantidade de elementos corresponda à quantidade necessária para amostra.

A amostragem bola de neve é recomendada quando o pesquisador precisa pesquisar populações pequenas. Outro exemplo possível envolve professores, doutores ou especialistas em novas tecnologias, pois essas amostras são mais difíceis de localizar, o que justifica a escolha do tipo bola de neve para ampliar o universo pesquisado.

Amostragem probabilística

Na amostragem probabilística, também conhecida como *randômica* ou *aleatória*, os elementos da amostra são selecionados por meio de sorteio. O pesquisador então calcula a probabilidade de qualquer elemento da população ser incluído, uma vez que os elementos finais da amostra são escolhidos de forma objetiva mediante um processo específico (e não de acordo com o julgamento do pesquisador).

Na Figura 5.3, você pode observar as técnicas de amostragem probabilísticas mais comuns.

Figura 5.3 – Técnicas de amostragem probabilística

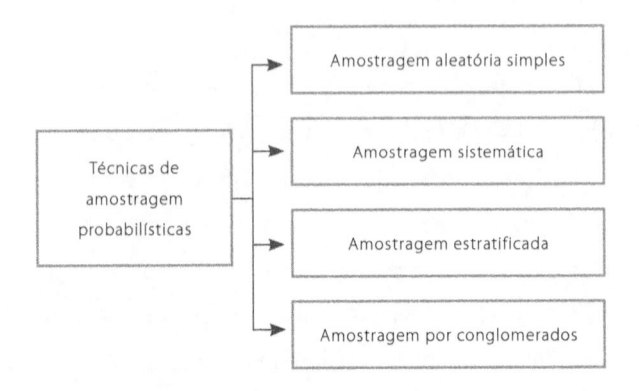

```
Técnicas de amostragem probabilísticas
├── Amostragem aleatória simples
├── Amostragem sistemática
├── Amostragem estratificada
└── Amostragem por conglomerados
```

Na sequência, veremos as definições dos quatro tipos de amostragem probabilística indicados na Figura 5.3.

1. **Amostragem aleatória simples** – Nesse caso, cada elemento da população contido na amostra tem uma chance conhecida e igual de ser selecionado para o estudo, ou seja, cada elemento é selecionado independente de qualquer outro elemento. Por exemplo, coloca-se o nome de cada indivíduo da população em uma cédula, que será depositada em uma caixa. Misturam-se bem todas as cédulas e retira-se aleatoriamente uma a uma até atingir o número desejado para a amostra.

É fundamental entender a diferença de significado entre *aleatório* na acepção científica e *aleatório* na acepção comum. Para muitos, uma amostra aleatória significa somente caminhar pela rua e entregar questionários para desconhecidos, ou manusear uma lista telefônica ligando para números ao acaso. Para um pesquisador, uma amostra aleatória é aquela em que os elementos específicos da população-alvo são escolhidos por algum processo objetivo fora do controle do pesquisador.

Para extrair uma amostra aleatória simples, existem duas formas muito utilizadas: 1) por meio de sorteio; 2) por meio da utilização de uma tabela de números aleatórios. Nesse caso, o pesquisador inicialmente compila uma estrutura amostral em que a cada elemento é dado um número único de identificação, gerando números aleatórios para definir quais elementos serão incluídos na amostra.

Veja, a seguir, um exemplo de amostragem aleatória simples.

> A rede de farmácias Alfa desejava conhecer a satisfação das clientes associadas ao programa de fidelidade, cujo público-alvo eram mulheres com idade a partir de 18 anos. No banco de dados havia 5 mil clientes cadastradas, mas a empresa precisava escolher somente 385 mulheres para fazer parte do estudo. Para isso, em uma planilha de Excel®, o pesquisador deu a cada cliente um número e foi sorteando-os aleatoriamente até atingir a amostra desejada.

Na amostragem aleatória simples, quanto maior a população, mais fácil é para o pesquisador selecionar a amostra. No entanto, se a população é pequena, recomenda-se utilizar outra forma de plano de amostragem.

» **Amostragem sistemática** – Nesse tipo de amostragem, o pesquisador escolhe uma amostra selecionando um ponto de partida aleatório e, posteriormente, extrai cada i-ésimo elemento sucessivamente da estrutura amostral. O intervalo amostral (i) é definido ao dividir o tamanho da população (N) pelo tamanho da amostra (n) – ou seja, N/n – e arredondar o resultado para o número inteiro mais próximo.

Por exemplo: se uma população contém 10 mil indivíduos (N) e o pesquisador busca uma amostra de 1 mil elementos (n), cada indivíduo da lista (i) é escolhido para a amostra, ou seja, o intervalo amostral i é 10.000/1.000 = 10. Seleciona-se, portanto, um número aleatório de 1 a 10. Se o número escolhido for 3, e amostra terá os elementos 3, 13, 23, 33, 43, 53, 63, 73, 83, 93, 103, e assim por diante.

Leia a seguir um exemplo da aplicação da amostragem sistemática para compreendê-la melhor:

> Uma determinada revista fez uma pesquisa pelo correio entre os assinantes para entender melhor o seu mercado. Para isso, utilizou a amostragem sistemática selecionando uma amostra de 1.472 assinantes da lista de circulação nacional da revista. Admitindo-se que a lista de assinantes tivesse 1.472.000 nomes,

o intervalo amostral seria 1.000 (1.472.000/1.472). Extraiu-se aleatoriamente, portanto, um número de 1 a 1000. A partir desse número, escolheram-se cada 1000º número, isto é, se o pesquisador iniciasse a pesquisa pelo número 1, ficaria da seguinte forma: o assinante 1, seguido pelo 1001, 2001, 3001 e assim sucessivamente.

Fonte: Adaptado de Malhotra, 2011, p. 310.

Vale ressaltar que na amostragem sistemática o pesquisador deve planejar a maneira de organizar os elementos da população. Assim, por exemplo, se ele utilizar o banco de dados de um determinado varejista, os elementos podem ser organizados por ordem alfabética, ou, dependendo do interesse do pesquisador, pelo *ticket* médio do cliente.

» **Amostragem estratificada** – A utilização da amostragem estratificada é recomendada em situações em que a população-alvo é composta por subgrupos homogêneos chamados de *estratos* ou quando apresentam comportamentos diferentes no que diz respeito ao objetivo do estudo. Nesse caso, a população é dividida em subgrupos, e cada elemento da população se encaixa em somente uma subdivisão (sexo, idade, escolaridade etc.); as amostras são escolhidas a partir de cada subgrupo.

Por exemplo: em um estudo sobre o comportamento do usuário de transporte público, o pesquisador pode estratificar a população por idade e nível de escolaridade, pois é possível que existam diferenças entre os grupos.

Veja a seguir um exemplo de amostragem estratificada.

> Vamos supor que uma determinada universidade queira saber sobre as atitudes dos estudantes em relação a um novo equipamento esportivo a ser construído dentro do *campus*. Imagine que há três grupos de estudantes na universidade: 1) os que residem fora do *campus*, 2) os que moram nos dormitórios do *campus* e 3) os que residem na república. Os últimos têm uma atitude bastante homogênea em relação ao equipamento proposto, isto é, a variação é muito baixa; já os moradores dos dormitórios são menos homogêneos, e aqueles que moram fora do *campus* apresentam opiniões que variam muito. O que o pesquisador pode fazer nesse caso? Ele pode utilizar a amostragem estratificada, ou seja, faria três listas separadas para cada subgrupo de estudante e tiraria uma amostra aleatória simples de cada uma delas, resultando em uma amostra estratificada.

Fonte: Aaker; Kumar; Day, 2004, p. 386.

Até agora você viu que os métodos de amostragem são compostos com base nos elementos da população – para isso o pesquisador precisa ter um conhecimento prévio dela. Contudo, quando isso não é possível, o pesquisador pode utilizar a amostragem por conglomerados (grupos), explicada a seguir.

» **Amostragem por conglomerados** – Nesse caso, o pesquisador inicialmente divide a população em subgrupos homogêneos entre si e então faz a seleção da amostra a partir deles – sendo que todos os elementos dos grupos selecionados fazem parte da amostra. As unidades de amostragem podem ser subdivididas em estágios.

Se após o primeiro sorteio dos grupos ocorrer um novo sorteio para definir quais elementos serão selecionados para a amostra, a amostragem é chamada de *dois estágios*.

Para que você possa entender melhor, leia o exemplo a seguir:

Um pesquisador precisa gerar uma amostra de estudantes do ensino superior que estudam inglês em Curitiba para entender a opinião deles sobre intercâmbio. Considere que 60 turmas de inglês são compostas por esse perfil de aluno.

O pesquisador, na amostragem por conglomerados, seleciona aleatoriamente seis elementos dessas turmas e delas retira uma amostra de 20 elementos conforme podemos verificar na Tabela a seguir:

Grupo	Número dos elementos na população
1	1, 2, 3, 4, 5, 6, 7
2	8, 9, 10, 11, 12, 13, 14, 15
3	16, 17, 18, 19, 20, 21, 22, 23, 24, 25
4	26, 27, 28, 29, 30, 31, 32, 33
5	34, 35, 36, 37, 38, 39, 40
6	41, 42, 43, 44, 45, 46, 47, 48, 49, 50

Considerando os dados da tabela, na amostragem de um estágio, em um sorteio aleatório de 2 dos 6 grupos, os sorteados foram o 3 e o 6; a amostra resultante deles seria composta pelos elementos 16, 17, 18, 19, 20, 21, 22, 23, 24, 25, 41, 42, 43, 44, 45, 46, 47, 48, 49 e 50.

> Por outro lado, na amostragem de dois estágios, primeiro se faz um sorteio de 4 dos 6 grupos. Considerando que os grupos 1, 3, 4 e 6 foram sorteados, será feito um segundo sorteio para selecionar os elementos da amostra. Nesse caso, do grupo 1 (G1) foram selecionados os elementos 1, 3, 4, 6 e 7; do grupo 3 (G3), os elementos 17, 19, 21, 22 e 25; do grupo 4 (G4), os elementos 26, 27; 29; 32 e 33; e, finalmente, do grupo 6 (G6), os elementos 42, 44, 45, 47 e 50.
>
> A amostra resultante será a seguinte: os elementos 1, 3, 4, 6, 7, 17, 19, 21, 22, 25, 26, 27, 29, 32, 33, 42, 44, 45, 47 e 50 foram selecionados para participar da pesquisa.

No exemplo, você pôde observar que, a partir de uma grande amostra (60 turmas), o pesquisador seleciona aleatoriamente grupos menores (6 turmas); então, nesses grupos pequenos, seleciona uma quantidade aproximada de elementos. No exemplo, foram 14 elementos dos grupos 1 e 5 (7 de cada um desses 2 grupos); 16 elementos dos grupos 2 e 4 (8 de cada grupo); e, finalmente, nos 20 elementos dos grupos 3 e 6 (10 em cada um desses grupos). Somente depois de organizar essa subdivisão dos grupos o pesquisador poderá selecionar os elementos da amostra a ser utilizada.

> **Amostragem por área** – É uma forma de amostragem por conglomerado, na qual áreas geográficas, como quarteirões, bairros, municípios e rua, são utilizadas como unidades primárias de amostragem. Assim como vimos anteriormente, pode ocorrer em

um estágio (quando o pesquisador opta por um nível de amostragem na seleção dos elementos básicos) ou em dois estágios (quando ocorrem dois ou mais níveis de amostragem antes de os elementos básicos serem selecionados). Veja na sequência o exemplo de amostragem por área em dois estágios em uma pesquisa real.

> Um projeto de pesquisa de mercado verificou o comportamento de consumidores da classe alta. Para isso, os pesquisadores selecionaram uma amostra aleatória simples de 800 grupos de quarteirões em uma listagem de bairros onde a renda da população era superior a 50 mil dólares, de acordo com o censo populacional. Empresas negociadoras de cadastro forneceram os nomes e os endereços de chefes de família de aproximadamente 95% das residências tabeladas no censo desses 800 conglomerados de quarteirões. Das 213 mil residências enumeradas, 9 mil foram selecionadas por amostragem aleatória simples.

Fonte: Adaptado de Malhotra, 2011.

Agora que você conhece os tipos de amostragem probabilística, observe no Quadro 5.2 uma comparação entre a amostragem aleatória simples, a sistemática, a estratificada e a por conglomerados. Analise as vantagens e as desvantagens de cada uma e a maneira como as populações de amostragem são divididas.

Quadro 5.2 – Comparação entre os tipos de amostragem probabilística

Tipo	Descrição	Vantagens	Desvantagens
Aleatória simples	Cada elemento da população tem a mesma chance de ser selecionado na amostra.	» Fácil de implementar com discagem automática (discagem de dígito aleatório) e com sistemas computadorizados de resposta de voz.	» Exige uma lista dos elementos da população. » Leva mais tempo para implementar. » Usa amostras maiores. » Gera erros maiores. » É cara.
Sistemática	Seleciona um elemento da população; inicia aleatoriamente e, depois, a fração de amostragem seleciona cada elemento i-ésimo.	» Simples de projetar. Mais fácil de usar do que a aleatória simples. » Fácil de determinar a distribuição da amostragem da média ou a proporção. Mais barata do que a aleatória simples.	» A periodicidade dentro da população pode distorcer a amostragem e os resultados. » Se a lista de população tiver uma tendência monótona, vai gerar uma estimativa viesada com base no ponto de início.

(continua)

(Quadro 5.2 – continuação)

Tipo	Descrição	Vantagens	Desvantagens
Estratificada	Divide a população em subpopulações ou estratos e usa a amostragem aleatória simples em cada estrato. Os resultados podem ser ponderados e combinados.	» O pesquisador controla o tamanho da amostra no estrato. » Maior eficiência estatística. » Fornece dados para representar e analisar subgrupos. » Permite o uso de diferentes métodos nos estratos.	» Haverá aumento de erros se os subgrupos forem selecionados em índices diferentes. » É especialmente cara se os estratos da população tiverem de ser criados.
Conglomerado	A população é dividida em subgrupos internamente heterogêneos. Alguns são selecionados aleatoriamente para estudos adicionais.	» Fornece uma estimativa não viesada dos parâmetros da população, se for feita corretamente. » É economicamente mais eficiente do que a aleatória simples. » Menor custo por amostra, especialmente com conglomerados geográficos. » Fácil de fazer sem uma lista da população.	» Frequentemente menor eficiência estatística (mais erros) devido ao fato de os subgrupos serem homogêneos.

Fonte: Cooper; Schindler, 2003, p. 168.

Até agora, vimos detalhadamente os tipos de amostragens aleatória simples, sistemática, estratificada e por conglomerados.

Na sequência, veremos como realizar a determinação do tamanho da amostra.

Definir o tamanho da amostra

Na maioria das vezes, programas de computador calculam o tamanho das amostras necessárias para os diversos projetos de pesquisas de mercado realizados pelo pesquisador; desse modo, ele não precisa fazer os cálculos manualmente. Entretanto, é fundamental conhecer alguns conceitos e fórmulas que ajudam a entender como é determinado o tamanho da amostra.

O primeiro deles é a *precisão*, conceito referente ao parâmetro populacional, ou seja, à descrição sumária de uma propriedade ou medida fixa da população-alvo. Um parâmetro é o valor real que o pesquisador obtém ao realizar um censo da população ao invés de utilizar uma amostra (Malhotra, 2011). Outro conceito importante é a *descrição*, isto é, a delimitação de uma característica ou de uma medida da amostra denominada *estatística*. O pesquisador utiliza a estatística amostral como estimativa do parâmetro populacional (Malhotra, 2011).

A *correção* para população finita também é um conceito imprescindível, visto que equilibra a superestimação da variância de um parâmetro populacional. Quando se estima um parâmetro populacional empregando uma estatística amostral, o nível de precisão corresponde ao "tamanho almejado do intervalo de estimação. É a diferença máxima permissível entre a estatística amostral e o parâmetro populacional" (Malhotra, 2011, p. 298).

Um conceito não menos importante é o *intervalo de confiança*, que, segundo Malhotra (2011, p. 298) "é o intervalo em que recai o verdadeiro parâmetro populacional, dentro de determinado nível de confiança". Finalmente, é essencial entender sobre o conceito de *erro de amostragem aleatória*, ou seja, "o erro que resulta quando uma amostra particular escolhida é uma representação imperfeita da população de interesse" (Malhotra, 2006, p. 111).

O *nível de confiança* e os *erros máximos permitidos* também são conceitos importantes quando se trata de tamanho da amostra.

O nível de confiança é definido por meio de desvios-padrão (dentro de uma média de intervalo) representados pela curva de Gauss ou curva normal. O número de desvios utilizados representa a margem de segurança dada ao cálculo da amostra, ou seja, corresponde à probabilidade de algum evento ocorrer. Observe na Figura 5.4 um exemplo de curva de Gauss.

Figura 5.4 – Curva de Gauss ou curva normal

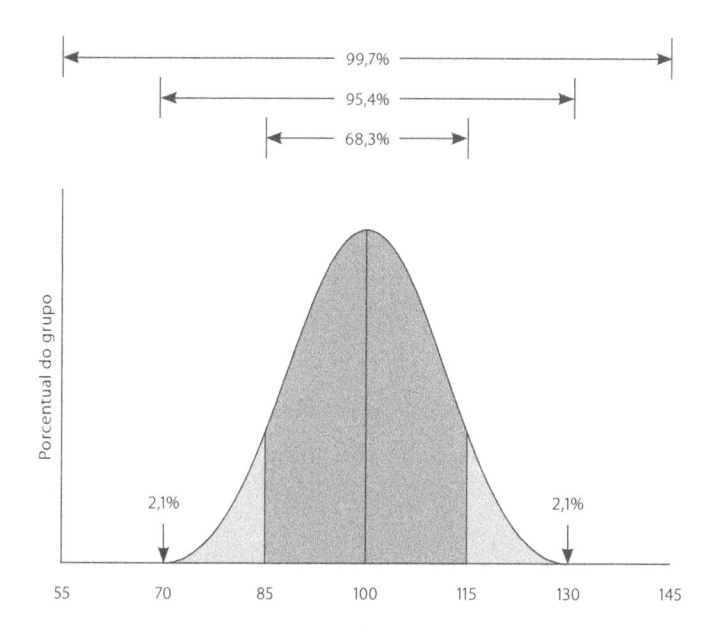

Observe que a área cinza está a um desvio-padrão da média. Na distribuição normal, ela representa 68% do conjunto de dados. Já os dois desvios-padrão desde a média (áreas cinza e verde) representam 95%, e assim por diante.

As margens de segurança e os seus respectivos desvios-padrão mais comuns estão descritos na Tabela 5.1 na sequência.

Tabela 5.1 – Margens de segurança e desvio-padrão

Margem de segurança	Desvio-padrão
68%	1
95%	1,96
95,5%	2
99,7%	3

Fonte: Adaptada de Cooper; Schindler, 2003, p. 159.

O nível de confiança que será utilizado na pesquisa, em geral, pode ser conceituado conforme a definição da empresa contratante; no entanto, é muito comum trabalhar com margem de segurança de 95%.

No caso dos erros máximos permitidos em um projeto de pesquisa, os resultados obtidos por meio da coleta de dados com a amostra selecionada não são exatamente iguais ao universo do qual foram extraídas. Há então o erro de medição, que é reduzido na proporção que aumenta o tamanho da amostra.

A estimativa prévia da percentagem com que se verifica um fenômeno é essencial para a definição do tamanho da amostra. Por exemplo: verificar o comportamento de compra das mulheres da classe B1 da cidade de São Paulo, tendo como estimativa prévia que 10% da população são mulheres da classe B1.

Como calcular o tamanho da amostra

Antes de realizar o cálculo para determinar o tamanho da amostra, o pesquisador precisa definir o nível de confiança e o erro amostral. Há várias fórmulas utilizadas para essa tarefa, no entanto, adotaremos as fórmulas relacionadas a populações finitas e infinitas.

Quando a população for **finita**, ou seja, conter até 10 mil elementos, usa-se a seguinte fórmula:

$$n = \frac{S^2 \cdot p \cdot q \cdot N}{e^2 \cdot (N-1) + S^2 \cdot p \cdot q}$$

Em que:

» **n** é o tamanho da amostra;
» **S** é o nível de confiança escolhido, expresso em número de desvio-padrão;
» **p** é a percentagem com a qual o fenômeno se verifica (percentagem dos elementos da amostra favorável ao atributo pesquisado);
» **q** é a percentagem complementar (100 – p) dos elementos da amostra desfavorável;
» **N** é o tamanho da população;
» **e** é o erro máximo permitido.

Veja a seguir um exemplo de cálculo que visa definir o tamanho de uma amostra finita utilizando a fórmula destacada.

Uma pesquisa tem como objetivo definir o perfil dos clientes da rede de lojas Alfa. A loja possui um cadastro de 10 mil clientes. A gerente da rede acredita que esse número seja superior a 30% do total. Calcule o tamanho da amostra considerando um nível de confiança de 95,5% e um erro de até 3%.

$e = 3^2$

$q = 100 - 30 = 70$

$p = 30$

$S^2 = 2^2$

$N = 10.000$

$n = ?$

$$n = \frac{2^2 \cdot 30 \cdot 70 \cdot 10.000}{3^2 \cdot (10.000 - 1) + 2^2 \cdot 30 \cdot 70}$$

$$n = \frac{84.000,00}{89.991 + 8.400}$$

$$n = \frac{84.000,00}{98.391}$$

$n = 853$

Vale ressaltar que, quando a percentagem não for previamente estabelecida, deve-se considerar como regra p = 50.

Quando a população for **infinita**, ou seja, tiver mais de 10 mil elementos, usa-se a seguinte fórmula:

$$n = \frac{S^2 \cdot p \cdot q}{e^2}$$

Em que

- » **n** é o tamanho da amostra;
- » **S** é o nível de confiança escolhido, expresso em número de desvios-padrão;
- » **p** é a percentagem com a qual o fenômeno se verifica (percentagem dos elementos da amostra favorável ao atributo pesquisado);
- » **q** é a percentagem complementar (100 – p) dos elementos da amostra desfavorável;
- » **N** é o tamanho da população;
- » **e** é o erro máximo permitido.

Veja a seguir um exemplo para compreender melhor essa questão.

> Uma determinada cidade tem uma população com mais de 100 mil habitantes e apenas 10% da população pertence à classe econômica. Deseja-se saber o consumo médio de produtos de higiene dessa população. Calcule o tamanho da amostra imaginando um nível de confiança de 99% e um erro máximo de 2%.

$n = ?$

$S^2 = 3^2$

$p = 10$

$q = 100 - 10 = 90$

$n = \dfrac{3^2 \cdot 10 \cdot 90}{2^2}$

$n = \dfrac{8.100}{4}$

$n = 2.025$

Observe que, se você diminuir o nível de confiança para 95,5% e um erro máximo de 3%, a amostra será bem menor.

$e = 2^2$

$q = 100 - 10 = 90$

$p = 10$

$S^2 = 2^2$

$n = ?$

$n = \dfrac{2^2 \cdot 10 \cdot 90}{3^2}$

$n = \dfrac{3.600}{9}$

$n = 400$

Agora que você sabe como o pesquisador determina o tamanho da amostra, vamos ver como é realizada a coleta de dados.

Coletar os dados

Elaborado o processo de amostragem, é o momento de iniciar o processo de coleta de dados. Nessa fase, realizam-se os contatos com os respondentes, sendo aplicados os instrumentos de pesquisas que serão enviados para o processamento. A coleta de dados deve ser bem planejada e controlada a fim de evitar que os dados tenham má qualidade e os recursos, como tempo e custo da coleta, não ultrapassem o planejado.

Para começar, em todo projeto de pesquisa de mercado o pesquisador deve ter um cronograma de coleta com todas as etapas descritas, inclusive com datas de início e término. O Quadro 5.3 apresenta um modelo de cronograma de atividades de coleta de dados:

Quadro 5.3 – Cronograma de atividades de coleta de dados

Atividade	Início/Término	Nº de dias disponíveis
» Instrumento e material para pré-teste		
» Amostra para pré-teste		
» Realização do pré-teste		
» Avaliação dos resultados		
» Reformulação do instrumento		
» Impressão do instrumento		
» Recrutamento, seleção e contratação de entrevistadores		
» Material para treinamento		
» Treinamento dos supervisores e dos entrevistadores		
» Aplicação dos instrumentos		
» Crítica de campo		
» Crítica no escritório		
» Checagem		
» Elaboração do relatório final de coleta de dados		

Fonte: Mattar, 2012.

O próximo passo é fazer a previsão das despesas envolvidas na coleta, pois, dependendo do método escolhido, o projeto poderá custar mais ou menos. Por exemplo, o planejamento das despesas para um projeto de pesquisa de mercado que vai utilizar entrevistas por telefone deve incorporar salários de profissionais, supervisores, entrevistadores e administradores; materiais e suprimentos; alimentação; impostos; telefones etc.

Outra questão que o pesquisador precisa considerar são os profissionais que serão contratados para a coleta de dados, pois o sucesso dessa etapa depende das pessoas que farão o trabalho de campo. Sendo assim, o pesquisador precisa, em primeiro lugar, elaborar os requisitos dos postos de trabalho para o projeto, levando em consideração a maneira pela qual os dados serão coletados, a definição das características necessárias dos entrevistadores que farão a coleta de dados e o recrutamento dos candidatos mais qualificados. Após a contratação, o pesquisador deve treinar os entrevistadores, processo que influencia a qualidade dos dados coletados.

O treinamento deve ter orientações quanto:

» ao contato inicial, ou seja, como os participantes deverão ser abordados;
» à maneira como as perguntas devem ser formuladas e à sequência em que elas devem ser feitas, pois é fundamental que os entrevistadores estejam profundamente familiarizados com os instrumentos de pesquisa;
» à sondagem que deve ser feita, ou seja, utiliza-se uma técnica motivacional para induzir o entrevistado a

ampliar, esclarecer ou explicar suas respostas, inclusive para que ele possa manter o foco;
» à maneira correta de registrar as respostas;
» ao encerramento da entrevista.

Todos esses fatores deverão ser levados em conta, considerando que os entrevistadores precisam de treinamento para que possa haver alto grau de similaridade no processo de coleta de dados.

O próximo passo é supervisionar os entrevistadores, isto é, certificar-se de que eles estão seguindo os processos e as técnicas para os quais foram treinados. É responsabilidade do supervisor controlar e acompanhar todas as atividades planejadas e medir frequentemente as atividades realizadas para confirmar se as metas estão sendo atingidas. Além disso, o supervisor responsável pelos entrevistadores deve fazer a validação do trabalho de campo, ou seja, verificar se eles estão apresentando questionários autênticos. Para averiguar, ele deve telefonar para 10% a 25% dos entrevistados, perguntando-lhes se os entrevistadores efetuaram seu trabalho. Finalmente, é fundamental avaliar os entrevistadores no que diz respeito ao custo total (salários e despesas) por entrevista completada, monitorar o percentual de resposta de cada entrevistado, avaliar a qualidade das entrevistas e a qualidade dos dados registrados – ou seja, se são legíveis, se as respostas das perguntas não estruturadas (abertas) são transcritas literalmente e se há casos de não respostas a itens (Mattar, 2012; Malhotra, 2011).

Orientações para entrevista

O entrevistador deve:

1. dar seu nome completo, quando solicitado pelo entrevistado, bem como o número do telefone da empresa de pesquisa;
2. ler cada questão exatamente como está escrita e relatar quaisquer problemas ao supervisor, logo que possível;
3. ler as questões na ordem indicada no questionário;
4. responder de forma neutra a quaisquer perguntas do entrevistado;
5. não revelar a identidade do cliente final, a menos que tenha sido orientado a fazê-lo;
6. manter um registro de cada entrevista não concluída e o motivo disso;
7. permanecer neutro durante a entrevista e não manifestar acordo ou desacordo com o entrevistado;
8. falar pausadamente e com clareza, de forma que as palavras sejam bem entendidas;
9. registrar todas as palavras literalmente, e não parafraseá-las;
10. evitar conversas desnecessárias com o entrevistado;
11. escrever com clareza e de forma legível;
12. verificar todo o trabalho minuciosamente antes de entregá-lo ao supervisor;
13. ao encerrar uma entrevista, fazê-lo de maneira neutra;

14. manter em caráter confidencial todos os estudos, materiais e resultados;
15. não falsificar qualquer entrevista ou respostas a quaisquer questões;
16. agradecer ao respondente a participação no estudo.

Fonte: Adaptado de Malhotra, 2011, p. 372.

A coleta de dados é uma etapa importante do processo de pesquisa, por isso, o pesquisador deve tomar todas as precauções para que os dados coletados pela equipe de campo sejam legíveis, todas as instruções sejam seguidas, as perguntas abertas sejam registradas da maneira que o participante respondeu e, por fim, todas as perguntas sejam respondidas.

Etapa 4 – Preparação e análise dos dados

Após a coleta e antes da análise, é importante o pesquisador preparar os dados, pois a qualidade dos resultados depende dos cuidados adotados na fase de organização. A preparação dos dados compreende a observação de alguns passos para transformar os dados brutos em informações (dados processados) que permitirão ao pesquisador fazer a análise e a interpretação destes.

Veja, na Figura 5.5, os quatro passos que envolvem a preparação dos dados, segundo Malhotra (2011), Aaker, Kumar e Day (2004), Mattar (2012) e Churchill Junior, Brown e Suter (2011).

Figura 5.5 – Passos para a preparação dos dados

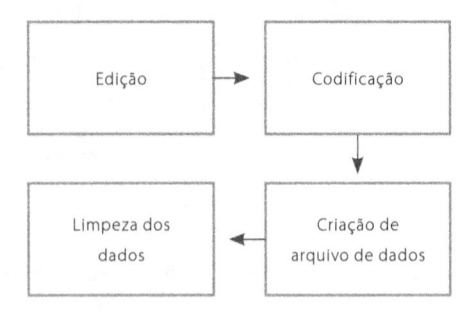

```
┌──────────┐      ┌──────────────┐
│  Edição  │ ───▶ │ Codificação  │
└──────────┘      └──────────────┘
                         │
                         ▼
┌──────────────┐  ┌──────────────────┐
│ Limpeza dos  │◀─│    Criação de    │
│    dados     │  │ arquivo de dados │
└──────────────┘  └──────────────────┘
```

Vejamos, a seguir, cada uma das etapas detalhadamente, começando pela fase da edição.

Edição

Importante passo por meio do qual o pesquisador pode examinar se o questionário, além de ter qualidade, está completo. O objetivo é impor um padrão mínimo de qualidade dos dados brutos e revisar o questionário buscando aumentar sua precisão. Respostas ilegíveis, incompletas, inconsistentes ou ambíguas são problemas que devem ser identificados nessa etapa.

O pesquisador deve verificar e, se for o caso, corrigir cada questionário preenchido, procedimento que precisa ser efetuado em 100% dos instrumentos de coleta de dados aplicados. A edição pode ser realizada em duas etapas: edição de campo e crítica no escritório.

A edição de campo é realizada para detectar os erros, as omissões e as ilegibilidades mais evidentes, devendo ser feita logo após a entrega dos questionários pelo entrevistador, a fim de permitir a correção dos problemas. É importante que o supervisor não aceite questionários entregues com problemas.

> **Problemas a serem evitados na verificação dos instrumentos de coleta de dados**
>
> 1. Partes incompletas do questionário.
> 2. O padrão das respostas indicar que o entrevistado não entendeu a pergunta ou não seguiu as instruções corretamente, por exemplo, não respeitou os padrões de salto nas perguntas.
> 3. As respostas acusarem pequena variação. Por exemplo: no caso de uma série de perguntas com escala de 7 pontos, um entrevistado assinalar somente o valor 6.
> 4. O questionário devolvido estar fisicamente incompleto, com uma ou mais páginas faltando.
> 5. O questionário ser entregue após o prazo de encerramento.
> 6. O questionário ser respondido por alguém não qualificado para participar da pesquisa.
>
> Fonte: Malhotra, 2011, p. 377.

A edição de campo, em geral, é feita por um supervisor de campo e deve atender aos seguintes itens: legibilidade, compreensibilidade, consistência e uniformidade. Por outro lado, a **crítica no escritório** deve ser mais detalhista do que aquela realizada em campo e, além disso, requer o envolvimento de pessoas com aprofundado conhecimento dos objetivos e procedimentos de pesquisa. Todos os questionários devem ser cuidadosamente inspecionados e corrigidos quando possível.

Quando os questionários estiverem incompletos ou as respostas não forem satisfatórias, é preciso verificar a possibilidade de devolvê-los para que o entrevistador possa entrar em contato com os participantes com o objetivo de corrigir o erro. Quando não for possível devolver os questionários, o pesquisador pode atribuir valores arbitrários às respostas insatisfatórias.

Essa atividade é possível quando: o número de entrevistados com respostas insatisfatórias for pequeno; a proporção de respostas insatisfatórias para cada um desses entrevistados for pequena; ou as variáveis com respostas insatisfatórias não forem variáveis-chave.

O pesquisador deve eliminar os questionários somente quando: a proporção de respondentes insatisfatórios for pequena, ou seja, inferior a 10%; o tamanho da amostra for grande; não houver diferenças óbvias entre respondentes insatisfatórios e satisfatórios; as respostas de variáveis-chave forem as faltantes.

Codificação

Após editar os dados, o pesquisador deverá fazer a codificação, procedimento em que os dados são categorizados, ou seja, recebem um código para cada resposta possível em cada questão. Os códigos são facilmente manipulados por computadores.

A codificação de questões estruturadas é, em geral, simples. Quando há uma única opção de resposta possível na pergunta – por exemplo, "masculino" ou "feminino", "sim" ou "não" –, o pesquisador atribui um código, geralmente um número, para cada resposta possível, ou seja, 1 para masculino e 2 para feminino. Quando os entrevistados precisarem assinalar itens ou outra forma de resposta, o pesquisador deve atribuir um número para representar cada um deles.

Um exemplo de codificação estruturada é uma escala utilizada para avaliar a atitude dos clientes acerca de uma alteração proposta para um produto disponível há muito tempo no mercado. Veja:

Desfavorável						Favorável

Nesse caso, haverá uma única variável que representa esse item, com códigos de 1 a 7 para níveis crescentes de preferência.

Para questões nas quais o entrevistado pode assinalar mais de uma resposta, o processo de codificação é mais complexo. Confira no exemplo a seguir:

> Quais são as suas cores de carro preferidas? Marque todas as alternativas que se aplicam.
>
> ( ) Branca ( ) Preta ( ) Prata ( ) Vermelha ( ) Outra.
>
> Qual? _____

O pesquisador pode criar cinco variáveis para representar as cinco possíveis respostas e indicar para cada uma se a opção foi ou não escolhida. Pode-se registrar "1", se o participante selecionou uma resposta, e "0", se ele não selecionou. Se o entrevistado selecionou "branca" e "preta", as variáveis que representam essas duas teriam código "1", e as demais, "0".

Para entender melhor a codificação, observe a seguir o exemplo de questionário sem as questões codificadas.

> Responda ao questionário assinalando X no espaço apropriado ou, quando for o caso, escrevendo sua resposta no espaço disponibilizado.
>
> 1. Você é o único responsável pela manutenção de seu automóvel?
>
>   ( ) Sim.
>
>   ( ) Não.
>
>   Caso sua resposta tenha sido "Não", quem é então o responsável e qual sua relação com essa pessoa?
>
>   _____
>
> 2. Você executa pequenos serviços de manutenção em seu carro (calibragem de pneus, troca de limpadores de para-brisas, troca de filtro de ar, entre outros)?

( ) Sim.

( ) Não.

Se sua resposta anterior foi "Não", aonde você leva seu carro para a manutenção?

_____

3. Com que frequência você faz ou manda fazer a manutenção do veículo?

   ( ) Uma vez por mês.

   ( ) Uma vez a cada três meses.

   ( ) Uma vez a cada seis meses.

   ( ) Uma vez por ano.

   ( ) Outro. Qual?_____

4. Quando você cuida dos problemas de manutenção do seu carro?

   ( ) Na época programada para revisão.

   ( ) Quando surge algum problema.

   ( ) Adia o máximo possível.

   ( ) Outro. Qual?_____

   ( ) Não faço acompanhamento.

5. Se a manutenção de seu carro é feita em datas programadas, como você sabe quais ações foram executadas?

   ( ) Pelos registros da oficina mecânica ou da concessionária.

   ( ) Registros pessoais.

   ( ) Registro na memória.

   ( ) Outro. Qual _____

   ( ) Não faço acompanhamento.

6. Classifique as atividades de manutenção de carro a seguir de acordo com sua importância. Enumere considerando 1 para **mais importante** e 5 para o **menos importante**:

( ) Manutenção dos pneus.

( ) Troca de óleo.

( ) Manutenção dos freios.

( ) Verificação das presilhas e mangueiras.

( ) Verificação das velas de ignição.

7. Existe alguma outra atividade de manutenção que deveria constar nesta lista?

Fonte: Adaptado de Aaker; Kumar; Day, 2004, p. 444.

Você observou um exemplo de um questionário proposto para avaliar questões sobre manutenção de automóvel. Agora, na Tabela 5.2 você verá como pode ser feita a codificação desse questionário, que foi respondido por 150 participantes.

Tabela 5.2 – Codificação de um questionário

Nº da coluna	Referência da coluna	Número da pergunta	Descrição da pergunta	Instruções para codificações
1 - 3	A		Id. Nº do questionário.	001 – 150
4	B	1	Responsável pela manutenção.	0 = Não. 1 = Sim. 9 = Em branco.
5	C	1	Quem é o responsável.	0 = Marido. 1 = Namorado. 3 = Mãe. 4 = Parentes. 5 = Amigo. 6 = Outros. 9 = Em branco.

(continua)

(Tabela 5.2 - continuação)

Nº da coluna	Referência da coluna	Número da pergunta	Descrição da pergunta	Instruções para codificações
6	D	2	Pequenos serviços de manutenção.	0 = Não. 1 = Sim. 9 = Em branco.
7	E	3	Prestador de serviços	
8	F	4	Frequência da manutenção.	0 = Uma vez por mês. 1 = 3 meses. 2 = 6 meses. 3 = Um ano. 4 = Outra. 9 = Em branco.
9	G	4	Outro da pergunta 4.	
10	H	5	Quando faz a manutenção.	0 = Manutenção programa. 1 = Quando surge um problema. 2 = Adia ao máximo. 3 = Outros. 9 = Em branco.
11	I	5	Outro da pergunta 5.	
12	J	6	Como a manutenção é acompanhada.	0 = Registro da oficina/concessionária. 1 = Registro pessoal. 2 = Registro na memória. 3 = Outro. 4 = Não faz acompanhamento. 9 = Em branco.
13	K	6	Outro da pergunta 6.	
14	L	7	Classificação por importância: pneu.	0 = Em branco. 1 = Mais importante. 2 = Segundo. 3 = Terceiro. 4 = Quarto. 5 = Quinto.

(Tabela 5.2 – conclusão)

Nº da coluna	Referência da coluna	Número da pergunta	Descrição da pergunta	Instruções para codificações
15	M	7	Classificação por importância: óleo.	0 = Em branco. 1 = Mais importante. 2 = Segundo. 3 = Terceiro. 4 = Quarto. 5 = Quinto.
16	N	7	Classificação importância: freio.	0 = Em branco. 1 = Mais importante. 2 = Segundo. 3 = Terceiro. 4 = Quarto. 5 = Quinto.
17	O	7	Classificação por importância: presilhas.	0 = Em branco. 1 = Mais importante. 2 = Segundo. 3 = Terceiro. 4 = Quarto. 5 = Quinto.
18	P	7	Classificação por importância: velas.	0 = Em branco. 1 = Mais importante. 2 = Segundo. 3 = Terceiro. 4 = Quarto. 5 = Quinto.
19	Q	7	Inclusão de sugestões na pergunta 7.	

Fonte: Adaptado de Aaker; Kumar; Day, 2004, p. 445.

O processo de codificação descrito na Tabela 5.2 é chamado de *livro de códigos*. Ele contém as instruções de como os dados brutos dos questionários são codificados no arquivo de dados Em geral, o livro de códigos deve ter as seguintes informações: número de colunas referência da coluna, número da pergunta, descrição da pergunta e instrução para codificação.

Por outro lado, a codificação da pergunta aberta (não estruturada) é mais difícil, pois o pesquisador não dispõe de categorias de respostas como na pergunta fechada (estruturada). Convém lembrar que, nesse tipo de pergunta, os entrevistados respondem às questões de pesquisa utilizando suas próprias palavras, e as respostas dos entrevistados são literalmente registradas. A codificação de questões não estruturadas consiste em codificar as respostas verbais coletadas durante a entrevista, o que pode ser feito de duas maneiras. A primeira é a preparação antecipada de um esquema de codificação; para isso, é preciso que o pesquisador e sua equipe conheçam resultados de estudos anteriores e tenham um grande conhecimento do assunto ou considerem algum referencial teórico existente. A segunda forma é esperar o encerramento da coleta de dados e, com base nas respostas dadas pelos respondentes, construir o esquema de codificação.

Criação de arquivos de dados

Para analisar os dados, é preciso digitá-los, considerando cada questionário, em um arquivo eletrônico de dados ou então baixá-los enquanto eles são coletados. Quando os dados são introduzidos diretamente no computador por meio de *software* de pesquisa, não é necessário digitá-los. Além do uso da digitação, os dados podem ser transferidos utilizando-se formulários de marcação sensitiva, escaneamento ótico ou análise sensorial computadorizada. Os dados são frequentemente armazenados em formato de planilha, conforme mostram as tabelas 5.3 e 5.4.

Tabela 5.3 – Arquivo de dados dos questionários

Nº Questionário	Bairro	Instrução	Gênero	Classe econômica	Idade	Estado civil	Renda	Curso preferido	Localização preferida	Método preferido	Como conheceu
1	Centro	Ensino superior completo	Feminino	B2	30	Solteiro	R$ 4.200,00	Inglês	Centro 1	Presencial	Internet
2	Centro	Superior incompleto	Feminino	C	24	Solteiro	R$ 1.500,00	Inglês	Centro 2	Semipresencial	*Folder*
3	Batel	Ensino superior completo	Masculino	A2	38	Casado	R$ 8.300,00	Inglês	Batel	Presencial	Indicação
4	Rebouças	Ensino superior completo	Feminino	B1	42	Casado	R$ 4.300,00	Inglês	Centro 2	Presencial	*Folder*
5	Seminário	Pós-Graduado	Masculino	A2	40	Casado	R$ 8.150,00	Espanhol	Centro 1	Presencial	Internet
6	Mercês	Ensino superior completo	Feminino	A2	31	Casado	R$ 7.890,00	Alemão	Centro 1	Presencial	Indicação
7	Centro	Superior incompleto	Masculino	B2	37	Divorciado	R$ 2.350,00	Espanhol	Centro 2	Semipresencial	Internet

(continua)

(Tabela 5.3 – continuação)

Nº Questionário	Bairro	Instrução	Gênero	Classe econômica	Idade	Estado civil	Renda	Curso preferido	Localização preferida	Método preferido	Como conheceu
8	Batel	Ensino superior completo	Feminino	B1	35	Divorciado	R$ 3.895,00	Inglês	Batel	Presencial	Internet
9	Bigorrilho	Pós-graduado	Feminino	A2	44	Divorciado	R$ 7.595,00	Espanhol	Centro 2	Presencial	Indicação
10	Centro	Superior incompleto	Masculino	B2	26	Solteiro	R$ 2.332,00	Inglês	Centro 1	Presencial	Indicação
11	Rebouças	Ensino superior completo	Feminino	B2	33	Casado	R$ 2.165,00	Alemão	Centro 2	Presencial	*Folder*
12	Mercês	Ensino superior completo	Masculino	B1	37	Divorciado	R$ 4.195,00	Mandarim	Centro 2	Presencial	Internet
13	Alto da Glória	Ensino superior completo	Feminino	A2	21	Solteiro	R$ 8.832,00	Inglês	Centro 1	Presencial	*Folder*
14	Mercês	Ensino superior completo	Feminino	B1	30	Solteiro	R$ 3.565,00	Inglês	Centro 1	Semipresencial	Internet
15	Rebouças	Pós-graduado	Feminino	A2	42	Casado	R$ 7.985,00	Inglês	Batel	Semipresencial	Indicação

(Tabela 5.3 - continuação)

Nº Questionário	Bairro	Instrução	Gênero	Classe econômica	Idade	Estado civil	Renda	Curso preferido	Localização preferida	Método preferido	Como conheceu
16	Alto da Glória	Pós-graduado	Masculino	B1	45	Solteiro	R$ 4.325,00	Inglês	Batel	Presencial	Internet
17	Seminário	Pós-graduado	Feminino	B1	33	Casado	R$ 4.252,00	Mandarim	Centro 2	Semipresencial	Indicação
18	Batel	Ensino superior completo	Masculino	B1	30	Casado	R$ 3.745,00	Inglês	Centro 1	Presencial	Internet
19	Bigorrilho	Ensino superior completo	Feminino	B1	31	Solteiro	R$ 4.565,00	Francês	Centro 2	Presencial	Indicação
20	Bigorrilho	Pós-graduado	Feminino	B1	44	Divorciado	R$ 3.987,00	Espanhol	Batel	Presencial	Internet
21	Centro	Ensino superior completo	Feminino	C	33	Solteiro	R$ 2.565,00	Espanhol	Centro 2	Semipresencial	Internet
22	Seminário	Ensino superior completo	Feminino	B1	36	Casado	R$ 5.879,00	Inglês	Centro 1	Presencial	Indicação
23	Mercês	Pós-graduado	Feminino	A2	45	Casado	R$ 9.654,00	Inglês	Centro 2	Presencial	*Folder*
24	Rebouças	Pós-graduado	Masculino	B1	41	Casado	R$ 5.745,00	Inglês	Centro 2	Presencial	Indicação

(Tabela 5.3 – conclusão)

Nº Questionário	Bairro	Instrução	Gênero	Classe econômica	Idade	Estado civil	Renda	Curso preferido	Localização preferida	Método preferido	Como conheceu
25	Batel	Ensino superior completo	Feminino	B2	52	Divorciado	R$ 3.698,00	Espanhol	Centro 1	Presencial	*Folder*
26	Bigorrilho	Ensino superior completo	Feminino	B2	55	Divorciado	R$ 2.987,00	Espanhol	Centro 1	Presencial	Indicação

Tabela 5.4 – Arquivos de dados codificados

Questionário	Bairro	Instrução	Gênero	Classe econômica	Profissão	Idade	Estado civil	Renda	Curso preferido	Localização preferida	Método preferido	Como conheceu
1	6	3	1	3	1	2	1	2	1	1	1	3
2	6	2	1	4	1	1	1	1	1	2	1	3
3	2	3	2	1	2	3	2	4	1	3	1	3
4	3	3	1	2	1	3	2	4	1	2	1	3
5	7	4	2	1	2	3	2	4	2	1	2	4
6	1	3	1	1	2	2	2	4	3	1	2	1
7	6	2	2	3	1	2	3	2	2	2	1	3

(continua)

(Tabela 5.4 – conclusão)

Questionário	Bairro	Instrução	Gênero	Classe econômica	Profissão	Idade	Estado civil	Renda	Curso preferido	Localização preferida	Método preferido	Como conheceu
8	2	3	1	2	4	3	3	3	1	3	2	4
9	4	4	1	1	2	4	3	5	2	2	1	3
10	6	2	2	3	8	1	1	3	4	1	1	2
11	3	3	1	3	4	2	2	3	3	2	1	3
12	1	3	2	2	2	3	3	5	5	2	1	3
13	5	3	1	1	2	1	1	4	1	1	1	3
14	1	3	1	2	4	2	1	3	1	1	2	4
15	3	4	1	1	5	3	2	5	1	2	2	1
16	5	4	2	2	5	3	1	5	1	3	1	2
17	7	4	1	2	6	2	2	3	5	2	2	3
18	2	3	2	2	3	2	2	3	1	1	1	3
19	4	3	1	2	1	2	1	3	4	2	1	3
20	4	4	1	2	2	3	3	4	2	3	1	4
21	6	3	1	4	3	2	1	3	2	2	2	2
22	7	3	1	2	3	3	2	2	1	1	1	3
23	1	4	1	1	4	3	2	3	1	2	1	4
24	3	4	2	2	2	3	2	4	1	2	1	1
25	2	3	1	3	6	4	3	3	2	1	1	3
26	4	3	1	3	1	4	3	3	2	1	1	4

Note que, na Tabela 5.3, os dados estão descritos conforme foram coletados; já, na Tabela 5.4, os dados já estão codificados.

Na etapa de criação do arquivo de dados, o pesquisador deve auditar como os dados são digitados, pois isso pode ajudar ou dificultar a limpeza deles.

Limpeza de dados

Após criar os arquivos e antes de analisar os dados, é preciso que o pesquisador se certifique de que estes foram inseridos corretamente e verifique a consistência e o tratamento das respostas omitidas. Todos os erros de digitação devem ser eliminados primeiramente, pois são mais fáceis de localizar. Por exemplo: se o pesquisador, ao codificar uma escala de Likert de 1-5, inserir, erroneamente, um "7" no lugar do "5" que o entrevistado assinalou no questionário. Esse tipo de erro pode ser detectado por meio de uma contagem de frequência.

Outro tipo de erro é, por exemplo, se o pesquisador digitar "1" no lugar do "5" assinalado pelo entrevistado; esse equívoco é mais difícil de localizar, pois ambos, "1" e "5", são respostas possíveis. Uma das alternativas para a solução do problema é selecionar uma amostra de questionários que tenha sido codificada e digitada e, posteriormente, comparar o arquivo de dados com os questionários originais para ver se encontra discrepância. Outra opção que o pesquisador pode utilizar é a dupla entrada, isto é, os dados são digitados por duas pessoas diferentes e, após a digitação, o pesquisador confronta os arquivos em busca das discrepâncias; encontrando-as, pode fazer as correções mais facilmente.

Além de corrigir os erros de digitação, o pesquisador deve tratar as respostas omitidas ou faltantes ocorridas por erro no registro da resposta ou as que os entrevistados responderam de maneira ambígua.

É um problema preocupante quando a quantidade de erros é superior a 10% do total de questionários. Veja, a seguir, algumas recomendações para lidar com essa questão:

1. Inserir um valor neutro, isto é, introduzir a resposta média da variável na resposta faltante. Dessa forma, o valor médio da variável continua inalterado e os outros tratamentos estatísticos não serão muito afetados.

2. Substituir uma resposta atribuída, ou seja, o analista pode atribuir ou calcular as respostas que poderiam ter sido dadas se os participantes tivessem respondido às questões. O pesquisador pode fazer isso estatisticamente, estabelecendo a relação da variável em questão com outras variáveis. Por exemplo: o consumo de um determinado produto pode ter relação com a quantidade de pessoas que moram na residência, logo, é possível calcular a resposta faltante de um participante quanto ao uso do produto se o pesquisador souber o número de pessoas que moram em sua residência. O cuidado, nesse caso, é o pesquisador manter-se imparcial.

3. Remover caso a caso, isto é, o pesquisador despreza da análise os casos com as respostas faltantes. Porém, essa

ação pode tornar a amostra insuficiente, sendo não indicado eliminar uma grande quantidade de dados.
4. Remover aos pares, ou seja, o pesquisador utiliza os casos com respostas completas para cada cálculo. Vale ressaltar que esse processo é recomendado quando o tamanho da amostra é grande, há poucas respostas faltantes e as variáveis não são fortemente relacionadas.
5. Fazer um novo contato com o participante – isso é indicado somente nos casos em que a informação faltante é fundamental para o estudo e as respostas não são anônimas.
6. Deixar as respostas em branco e informar o número como uma categoria separada, ação que não é indicada para uma série de técnicas estatística, mas pode ser utilizada para análises simples, como frequências e tabulações cruzadas.

Análise dos dados

Depois de os dados estarem preparados, chega o momento de analisá-los; o objetivo agora é permitir que o pesquisador estabeleça conclusões. O principal desafio destas etapa do processo de pesquisa é escolher as técnicas de análise que serão utilizadas.

Lembremos que as escalas de medida utilizadas influenciam a escolha de técnicas estatísticas. Muitas pesquisas de mercado apresentam conclusões que se baseiam em resultados obtidos por meio de utilização incorreta de técnicas de análises, o que lhes compromete a qualidade, a precisão e a confiabilidade. Para isso, cabe ao pesquisador pensar nos seguintes fatores: o tipo de escala das variáveis; o nível de conhecimento dos parâmetros da população; o tipo de análise desejado; o número de variáveis a serem analisadas conjuntamente; o número de amostras e o seu grau de relacionamento; e a relação de dependência entre variáveis. A técnica apropriada de análise será determinada tão somente por meio da análise conjunta desses fatores.

De acordo com Malhotra (2011), Aaker, Kumar e Day (2004), Mattar (2012) e Churchill Junior, Brown e Suter (2011), há dois tipos básicos de análise: o **método descritivo** e o **método inferencial**, comentados a seguir.

Métodos descritivos

Os métodos descritivos objetivam proporcionar informações resumidas dos dados contidos no total de elementos da amostra estudada. As estatísticas descritivas estão, em geral, associadas à distribuição de frequência, que ajuda a sumarizar as informações apresentadas na tabela de frequência.

A análise de frequência consiste em contar o número de casos que se enquadra nas categorias de respostas diferentes, o que gera uma tabela de contagens de frequência, percentagens e percentagem cumulativa para todos os valores associados a cada variável. Por exemplo: a Tabela 5.5 ilustra a análise de frequência para a profissão dos entrevistados de um determinado estudo e inclui: a contagem dos casos, o percentual bruto de casos válidos (não faltantes) e o percentual acumulado válido.

Tabela 5.5 – Análise de frequência

Profissão	Número	% Válido	% Cumulativo
1. Empregado(a) de empresa privada sem cargo de chefia	435	36%	36%
2. Empregado(a) de empresa privada com cargo de chefia	120	10%	46%
3. Funcionário(a) público(a) sem função de chefia	100	8%	54%
4. Desempregado(a)	85	7%	61%
5. Profissional autônomo(a)	85	7%	68%
6. Funcionário(a) público(a) com função de chefia	70	6%	74%
7. Professor(a) do ensino médio ou fundamental	60	5%	79%
8. Estudante do ensino médio ou fundamental	60	5%	84%
9. Estudante do ensino superior	50	4%	88%
10. Aposentado(a)	50	4%	92%
11. Professor(a) universitário(a)	45	4%	96%
12. Empresário(a)	30	3%	99%
13. Dona de casa	10	1%	100%

É importante sempre incluir os percentuais junto com a contagem bruta para análises de frequência, visto que eles ajudam os leitores a interpretarem melhor os resultados. Além disso, é recomendável arredondar os números percentuais para números inteiros (conforme Tabela 5.5), pois, dessa maneira, será mais fácil realizar a leitura. Se o pesquisador preferir descrever os percentuais, ele pode proceder dessa maneira utilizando no máximo duas casas; contudo, a regra geral é utilizar números inteiros.

Os dados da frequência podem ser usados na construção de um histograma ou gráfico de barras verticais. Observe o exemplo anterior representado em um histograma de frequência no Gráfico 5.1.

Gráfico 5.1 – Histograma de frequência de profissões

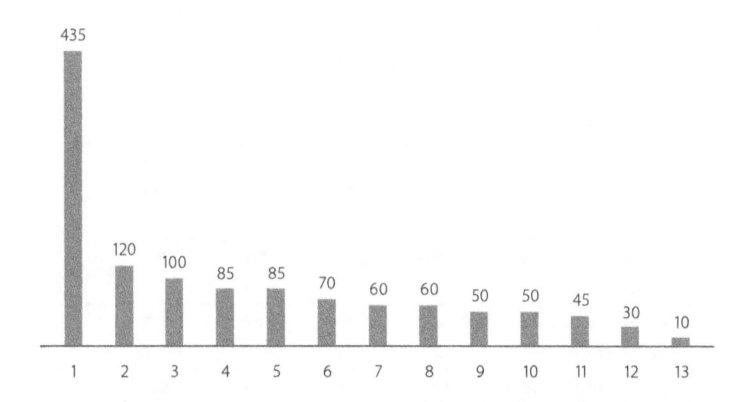

1	2	3	4	5	6	7	8	9	10	11	12	13
435	120	100	85	85	70	60	60	50	50	45	30	10

Observando o histograma de dados das profissões dos respondentes, você pode examinar se a distribuição observada é coerente com a distribuição esperada ou presumida. A análise de frequência é de fácil interpretação e fornece informações básicas que, às vezes, podem ser muito detalhadas; e uma forma de resumi-las é utilizar a estatística descritiva. As estatísticas mais frequentes são as medidas de posição, as medidas de dispersão e as medidas de forma. A seguir, conheceremos cada uma delas.

Medidas de posição

As medidas de posição que abordaremos aqui são medidas de tendência central, ou seja, descrevem o centro da distribuição e servem para caracterizar o que é "típico" no grupo. Modificando-se toda a amostra mediante acréscimo de uma constante fixa a cada observação, a média, a mediana e a moda (definidas a seguir) são afetadas pela mesma variação.

> **Média**, ou valor médio, é a medida de tendência central mais utilizada pelos pesquisadores. Pode-se obter a média somando todos os elementos de um conjunto e dividindo a soma pelo número de elementos.
> **Moda** é o valor ou categoria que ocorre com maior frequência. Representa o pico da distribuição e é uma medida de tendência central para variáveis nominais, porém também pode ser utilizada em variáveis ordinais e intervalares, desde que estas tenham sido previamente agrupadas em classes.
> **Mediana** é o valor do elemento que divide o grupo em dois subgrupos de igual tamanho, ou seja, é o valor "do meio".

Observe, na Tabela 5.6, a distribuição de frequência da familiaridade do pesquisado com a internet. Em seguida, veremos como fazer a identificação da média, da mediana e da moda.

Tabela 5.6 – Distribuição de frequência da familiaridade com a internet

Valor	Valor	Frequência (n)	Percentagem	Percentagem válida	Percentagem acumulada
Não muito familiarizado	1	0	0	0	0
	2	2	7	7	7
	3	6	20	21	28
	4	6	20	21	49
	5	3	10	10	59
	6	8	27	28	87

(continua)

(Tabela 5.6 – conclusão)

Valor	Valor	Frequência (n)	Percentagem	Percentagem válida	Percentagem acumulada
Muito familiarizado	7	4	13	13	100
Faltante	9	1	3		
Total		30	100	100	

Fonte: Adaptado de Malhotra, 2011, p. 401.

Com base nos dados apresentados na Tabela 5.6, vamos identificara:

1. **Média** – Aqui multiplicamos o valor pela frequência. Veja a segunda e a terceira colunas da Tabela 5.6 para compreender melhor.

$$x = \frac{(2 \cdot 2 + 6 \cdot 3 + 6 \cdot 4 + 3 \cdot 5 + 8 \cdot 6 + 4 \cdot 7)}{29}$$

$$x = \frac{(4 + 18 + 24 + 15 + 48 + 28)}{29}$$

$$x = \frac{137}{29} = 4,724$$

Observe que, para descobrir a média das respostas "não muito familiarizado", foi preciso multiplicar cada valor (2, 3, 4, 5, 6 e 7) pela frequência das respostas (2, 6, 6, 3, 8 e 4), exceto o primeiro, pois 1 · 0 resulta em zero. Após realizar a multiplicação do valor pela frequência, foi preciso dividir o resultado encontrado pela soma das frequências (30), menos 1 (da resposta "muito familiarizado).

2. **Moda** – Observe, na terceira coluna, que a valor que aparece com maior frequência é o 6.
3. **Mediana** – A mediana é o valor 5.

Como você observou, as três medidas de tendência central do exemplo são diferentes. O resultado é esperado, pois cada uma delas define a tendência central de forma diferente. Então, qual dessas medidas deve ser utilizada?

Se a variável é medida em uma escala nominal, deve-se usar a moda; já se for em escala ordinal, a medida adequada é a mediana; e, finalmente, se for utilizada escala intervalar ou de razão, a média é a medida de tendência central mais indicada, pois usa todos os valores extremos (grande ou pequeno).

MEDIDAS DE DISPERSÃO

As medidas de dispersão são utilizadas para dados intervalares ou de razão. Elas dizem respeito ao intervalo, ao intervalo interquartil, à variância (ou desvio-padrão) e ao coeficiente de variação e servem para medir como os indivíduos estão distribuídos no grupo.

Observe, a seguir, os conceitos relativos a cada aspecto das medidas de dispersão, retomando a Tabela 5.6 para as explicações.

O **intervalo** mede a dispersão dos dados, ou seja, a diferença entre o menor e o maior valor, sendo diretamente afetado pelos valores extremos. Considere que X representa o valor, então:

$$\text{Intervalo} = X_{máximo} - X_{mínimo}$$

Por exemplo: o intervalo, na Tabela 5.6, é 7 − 2 = 5.

O **intervalo interquartil**, por sua vez, é a diferença entre o percentil 75 e o percentil 25 (1° e 3° percentil). Para um conjunto de dados distribuídos em ordem de grandeza, o p-ésimo percentil é o valor que tem **p** por cento de todos os dados posteriores a ele e **(100-p)** por cento de dados anteriores a ele.

Por exemplo: o interquartil, na Tabela 5.6, é 6 − 3 = 3.

A **variância** é o desvio quadrático médio de todos os valores em relação à média e nunca pode ser negativa. Quando os dados se apresentam agrupados em torno da média, a variância é pequena. Quando os dados estão dispersos, a variância é grande.

Por exemplo, no caso da Tabela 5.6, a variância seria calculada da seguinte forma:

$$\frac{[2(2-4{,}724)^2 + 6(3-4{,}727)^2 + 6(4-4{,}727)^2] + [3(5-4{,}727)^2 + 8(6-4{,}727)^2 + 4(7+4{,}727)^2]}{28}$$

$$\frac{[14{,}480 + 17{,}833 + 3{,}145] + [0{,}229 + 13{,}025 + 20{,}721]}{28}$$

$$\frac{69{,}793}{28} = 2{,}493$$

Observe que, para encontrar a variância, foi preciso multiplicar a frequência (2, 6, 6, 3, 8, 4) de cada resposta pela subtração do valor (2, 3, 4, 5, 6, 7), menos a média (4,727). Após encontrar o resultado da multiplicação, foi necessário fazer a divisão pela soma dos valores (1, 2, 3, 4, 5, 6, 7).

Por outro lado, o **desvio-padrão** é a raiz quadrada da variância.

$S_x = 1,579$

O **coeficiente de variação** é a razão entre o desvio-padrão e a média, expressa como percentagem. Esse coeficiente só tem significado quando a variável de medida é uma escala de razão. Sendo assim, como a escala utilizada na Tabela 5.6 não é de razão, não há motivo para calcular o coeficiente de variação.

MEDIDAS DE FORMA

As medidas de formas podem auxiliar o pesquisador a compreender a natureza da distribuição. Uma distribuição é considerada **simétrica** quando os valores dos dois lados do centro da distribuição são iguais e a média, a moda e a mediana são as mesmas. Além disso, os desvios positivos são iguais e os negativos são correspondentes a contar da média. Por outro lado, uma distribuição é considerada **assimétrica** quando os desvios positivos e negativos a contar da média são diferentes.

Outra medida de forma é a **curtose**, que é medida de maior ou menor achatamento da curva pela distribuição de frequência. A curtose da distribuição normal é zero; se é positiva, tem um pico mais acentuado do que na distribuição normal; por outro lado, um valor negativo indica que a distribuição é mais achatada do que normal (Malhotra, 2011).

No Gráfico 5.2, você pode verificar a distribuição simétrica (a); assimétrica à direita (b); e assimétrica à esquerda (c).

Gráfico 5.2 – Distribuição simétrica e assimétrica

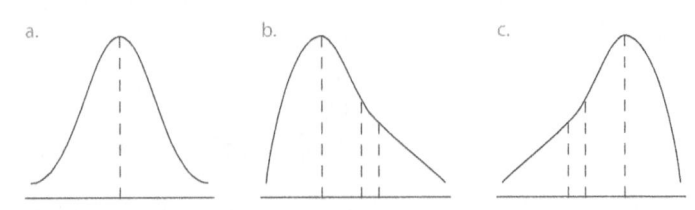

Vimos que há dois tipos básicos de análise que podem ser realizados: os **métodos descritivos** (abordados anteriormente) e os **métodos inferenciais**, que consistem um grande conjunto de testes que julgam a validade de hipóteses estatísticas sobre uma população ou estimam seus parâmetros, partindo da análise dos dados de uma amostra dessa população.

Teste de hipótese

Muitas pesquisas de mercado são conduzidas com o objetivo de verificar hipóteses elaboradas com base em teorias conhecidas ou no conhecimento da realidade. Segundo Mattar (2012, p. 206), "uma hipótese pode surgir através da especulação sobre um fenômeno de marketing, sobre o resultado esperado de uma determinada ação, etc".

Os pesquisadores geralmente trabalham com uma amostra, em vez de trabalhar com as informações completas de toda a população. Como o pesquisador pode saber se o resultado de uma determinada pesquisa feita com uma amostra poderia ser generalizado para toda a população ou se ele é verdadeiro apenas para a amostra específica? Não é possível ter certeza, mas, por meio de testes de hipóteses, é possível estabelecer normas para a tomada de decisões.

De acordo com Mattar (2012), para realizar o teste de hipótese, o pesquisador deve:

1. estabelecer a hipótese nula (H^0) e a hipótese alternativa (H^1), tendo em vista a hipótese de pesquisa;
2. selecionar o teste estatístico adequado à situação;
3. estabelecer um nível de significância;
4. determinar ou assumir a distribuição amostral da prova estatística sobre a hipótese nula (H^0);
5. com base em 2, 3 e 4, definir a região de rejeição da hipótese nula (H^0);
6. calcular o valor da prova com base nos dados da(s) amostra(s);
7. tomar a decisão quanto à aceitação ou à rejeição da hipótese nula (H^0).

> Mas em que situações o pesquisador deve utilizar o teste de hipóteses?

O teste é recomendado quando, após a análise de dados de uma amostra, ocorrer alguma descoberta interessante e, em virtude disso, o pesquisador quiser verificar se essa descoberta é apenas um acidente amostral.

Por exemplo, vamos supor que você realizou uma pesquisa sobre o consumo de iogurte. A análise dos dados revelou que uma amostra aleatória de 250 habitantes de uma cidade do Sul do Brasil consome mais iogurte que os de uma cidade do Nordeste do Brasil.

Com essas informações, o próximo passo é verificar se a diferença observada foi causada por um erro amostral, embora, na verdade, ele possa não apresentar diferenças entre as populações das duas cidades e, portanto, não seja aconselhável dispor de mais tempo com os resultados. Contudo, se tais diferenças não ocorrem em razão das variações amostrais, existem motivos para você testar os resultados obtidos.

Síntese

O processo de planejamento de uma pesquisa inclui as seguintes etapas: definição da população-alvo; determinação do quadro de amostragem; escolha do procedimento amostral; definição do tamanho da amostra; e coleta dos dados com os respondentes.

O processo de coleta de dados, por sua vez, envolve, em primeiro lugar, a seleção dos entrevistadores. Para isso, o pesquisador precisa elaborar os requisitos exigidos para os postos de trabalho do projeto, levando em conta a forma de coleta de dados, definir as características que os entrevistadores devem ter e recrutar os indivíduos. Após a contratação, cabe ao pesquisador treinar os entrevistadores, supervisioná-los, avaliá-los e finalmente, depois da coleta de dados, prepará-los para a análise.

O processo de preparação dos dados abrange os seguintes passos: edição, codificação, criação de arquivos de dados e limpeza de dados. Após a preparação, é momento de o pesquisador analisar os dados. Vale lembrar que o principal objetivo da análise é permitir que o pesquisador, com base nos dados coletados, estabeleça conclusões.

Questões para revisão

1. As técnicas de amostragem podem ser genericamente classificadas como *não probabilísticas* e *probabilísticas*. A amostragem não probabilística confia no julgamento pessoal do pesquisador, não sendo, portanto, uma seleção aleatória dos elementos amostrais. O pesquisador pode, arbitrária ou conscientemente, decidir quais elementos serão incluídos na amostra. Existem quatro tipos de amostras não probabilísticas; sendo assim, relacione o tipo de amostra com sua respectiva definição:

   I. Amostra por conveniência.
   II. Amostra por julgamento.
   III. Amostra por cotas.
   IV. Amostra tipo bola de neve.

   ( ) A seleção das unidades amostrais é deixada, em grande parte, a cargo do entrevistador. Não raramente os entrevistados são selecionados por se encontrarem no lugar exato no momento certo.

   ( ) Pode ser encarada como uma amostragem por julgamento em dois estágios. O primeiro estágio consiste em desenvolver categorias ou cotas de controle de elementos da população.

   ( ) O pesquisador, exercendo seu julgamento ou aplicando sua experiência, escolhe os elementos que serão incluídos na amostra, pois os considera representativos da população de interesse ou apropriados por algum outro motivo.

( ) Escolhe-se inicialmente um grupo aleatório de entrevistados. Após a entrevista, eles são solicitados a identificar outros que pertençam à população-alvo de interesse.

2. Quando o pesquisador categoriza os dados, ou seja, atribui um código (geralmente um número) a cada resposta possível de cada questão, ele está realizando qual passo do processo de preparação dos dados?
   a. Edição.
   b. Crítica ou verificação.
   c. Codificação.
   d. Transcrição.

3. Assinale a alternativa que representa a primeira etapa do processo de planejamento de uma amostragem:
   a. Definição da população-alvo.
   b. Determinação da estrutura amostral.
   c. Determinação do tamanho da amostra.
   d. Escolha da(s) técnica(s) amostral(ais).

4. As medidas de posição são medidas de tendência central, ou seja, descrevem o centro da distribuição. Nesse contexto, diferencie moda de mediana.

5. Quais são as atividades do pesquisador no processo de seleção dos entrevistadores?

Para saber mais

Para entender um pouco mais sobre especificação do processo de amostragem, leia o artigo disponível no *site* a seguir:

PIRES, N. C. M. et al. Diferenças e semelhanças nos métodos de amostragem de pesquisa top of mind: um estudo comparativo. **RBGN**, São Paulo, v. 8, n. 22, p. 37-45, set./dez. 2006. Disponível em: <http://www.spell.org.br/documentos/download/6489>. Acesso em: 20 abr. 2013.

Para conhecer um pouco mais sobre análise de dados, leia o artigo disponível no seguinte *site*:

SANTOS, F. A. de S. N. dos; NEVES, M. M. C. F. de S. *O marketing e a análise de dados para a tomada de decisões*. Disponível em: <http://www.ipv.pt/millenium/Millenium29/24.pdf>. Acesso em: 22 abr. 2013.

capítulo 6
apresentação dos resultados e ética em pesquisa

Conteúdos do capítulo
» Apresentação dos resultados.
» Ética em pesquisa.

Após o estudo deste capítulo, você será capaz de:
1. elaborar a apresentação dos resultados da pesquisa;
2. discutir as questões éticas envolvidas na pesquisa de mercado.

Neste capítulo, abordaremos a última etapa do processo de pesquisa: a apresentação dos resultados do estudo realizado pelo pesquisador. Além disso, discutiremos as questões éticas que devem ser levadas em consideração pelo pesquisador na realização de uma pesquisa.

Etapa 5 – Apresentação dos resultados

A apresentação dos resultados é a última etapa do processo de pesquisa de mercado, ou seja, o momento da preparação e da apresentação do relatório de pesquisa. É nessa ocasião que o pesquisador comunicará o resultado do seu trabalho à empresa que o contratou, sendo, portanto, fundamental que o relatório seja bem redigido, bem organizado e inclua todos os aspectos relacionados à pesquisa. Contudo, vale lembrar que, mesmo o projeto que foi muito bem organizado, planejado e executado poderá falhar se houver problemas no momento da sua comunicação.

> A comunicação bem planejada valoriza o resultado da pesquisa e da equipe que a realizou (Malhotra, 2011).

Segundo Malhotra (2011), o relatório e a sua apresentação são importantes porque:

- » representam os produtos completos do projeto de pesquisa;
- » servem de elemento orientador para as decisões da administração;
- » são fundamentais no envolvimento de muitos gerentes de marketing, cuja participação no projeto limita-se ao relatório escrito e à apresentação oral;
- » influenciam a empresa a contratar novamente o serviço para pesquisas futuras.

Há dois meios básicos para a apresentação da pesquisa: oral e escrito. De maneira geral, uma apresentação oral complementa os documentos escritos, sendo ela fundamental para valorizar o trabalho do pesquisador. Portanto, o responsável pela apresentação oral deve considerar duas regras fundamentais: dominar o assunto e conhecer seu público.

Habilidades de um apresentador

Um excelente apresentador é:

» organizado: ele assume o comando e sua voz demonstra que está preparado.

» arrebatador: exala entusiasmo e convicção.

» envolvente: faz o que estiver ao seu alcance para envolver cada membro da plateia.

» natural: sua apresentação transmite a sensação de um diálogo espontâneo.

Um excelente apresentador também:

» entende o seu público e busca aprender o máximo possível sobre ele antes da apresentação;

» pratica, pois entede que aqueles que praticam, melhoram. A prática é a parte mais importante do processo de melhoria.

Fonte: Adaptado de Churchill Junior; Brown; Suter, 2011, p. 441.

Como auxílio, o pesquisador pode utilizar o PowerPoint® para elaborar uma apresentação com os principais tópicos da pesquisa (problema, objetivos de pesquisa, hipóteses, resultados, conclusões e recomendações, bem como limitações).

De acordo com Churchill Junior, Brown e Suter (2011), há alguns elementos essenciais que devem ser observados na preparação dos *slides* para a apresentação:

» Mantenha a simplicidade; apresente um ponto por *slide*, se possível com poucas palavras e linhas.

> Espere um minuto após colocar o *slide* e depois siga em frente. Os recursos visuais devem causar impactos rapidamente.
> Destaque e enfatize pontos importantes, utilizando diferentes tamanhos ou estilos de fonte, cores ou outros recursos.
> Elabore *slides* de fácil leitura. Use fontes grandes e legíveis. Certifique-se de que a cor do texto e os quadros contrastem bem com a cor de fundo.
> Tenha cuidado com o uso das cores, pois elas podem distrair o público se não forem usadas com cuidado. Planeje seu esquema de cores e use-o até o fim.
> Construa pensamentos complexos de modo sequencial.
> Providencie cópias dos *slides* e entregue-as ao público antes ou depois da apresentação.
> Enumere os *slides*, pois assim você terá um melhor ponto de referência para discussões ou mesmo no momento aberto a perguntas e respostas.

Convém ainda lembrar que a comunicação escrita pode ser realizada pelos seguintes meios: relatórios de pesquisa, artigos em revistas e jornais, entrevistas e reportagens em meios de comunicação escritos, entre outros. O relatório de pesquisa tende a variar de acordo com o pesquisador ou com a empresa de pesquisa que foi contratada para elaboração do projeto.

A maioria dos relatórios de pesquisas – segundo Malhotra (2011), Aaker, Kumar e Day (2004), Mattar (2012) e Churchill Junior, Brown e Suter (2011) – incluem os seguintes elementos:

página de rosto ou capa, sumário ou índice, resumo executivo ou gerencial, introdução, metodologia e resultados conclusões e recomendações, limitações e anexos. Veja, a seguir, a explicação de cada um dos elementos aqui citados.

1. **Página de rosto ou capa** – Deve conter o título da pesquisa, informações da organização patrocinadora, data e nome da empresa de pesquisa. No exemplo seguinte, você pode observar um modelo de capa de relatório de pesquisa:

INSTITUTO DE PESQUISA TXT

O MARKETING INTERNO COMO ESTRATÉGIA PARA
O COMPROMETIMENTO DO CORPO DO DOCENTE EM
CURSOS DE ADMINISTRAÇÃO DE CURITIBA

Departamento de Inteligência de Mercado

Curitiba – PR
2014

2. **Sumário ou índice** – É uma lista dos tópicos abordados na pesquisa acompanhados de suas respectivas páginas.

Veja a seguir um exemplo de sumário de relatório de pesquisa de mercado.

Sumário

1. Resumo executivo 3
2. Introdução 5
3. Metodologia 6
    3.1 Tipo de pesquisa 8
    3.2 Fontes de dados 9
    3.3 Métodos de coletas de dados 12
4. Resultados 18
5. Conclusões e recomendações 40
6. Limitações 45
7. Anexos 47

O exemplo retrata como pode ser o sumário ou o índice de uma pesquisa de mercado. Primeiramente o pesquisador registra os títulos principais, seguidos dos subtítulos com os assuntos que serão tratados no capítulo, sempre em numeração progressiva, conforme indicado.

As relações das ilustrações (gráficos, figuras, quadros e tabelas) devem aparecer antes do sumário. Veja, na sequência, um exemplo de lista de tabelas e gráficos.

LISTA DE TABELAS

Tabela 1 – Crescimento do ensino de administração 4

Tabela 2 – Ofertas de cursos 6

Tabela 3 – Variação do preço das mensalidades 19

LISTA DE GRÁFICOS

Gráfico 1 – Crescimento dos cursos de administração 25

Gráfico 2 – Valores em percentuais por titulação 27

Gráfico 3 – Valores percentuais para cada regime de trabalho 28

3. **Resumo executivo ou gerencial** – Parte extremamente importante, pois, muitas vezes, é a única que muitos dos contratantes leem, em virtude da falta de tempo. O resumo descreve brevemente o problema, a abordagem, o planejamento de pesquisa adotado, os principais resultados encontrados, as conclusões e as recomendações. Normalmente não excede uma página.

Veja, a seguir, um exemplo de resumo executivo:

> Na sociedade do conhecimento, a instituição de ensino precisa preparar seus alunos para *aprender a aprender*, e aprender a fazê-lo com autonomia. Essas novas exigências em todos os níveis de ensino também trazem implicações para a educação superior, deixando implícita a necessidade de uma nova organização institucional e da reformulação dos papéis dos atores envolvidos no processo de educação. O corpo docente

está inserido nesse contexto sociopolítico e deve, portanto, ser considerado. Diante disso, percebe-se cada vez mais a importância do professor e a necessidade de as instituições de ensino, assim como de qualquer outra organização, tornarem seus colaboradores comprometidos com os objetivos do próprio estabelecimento de ensino e a manutenção e a lealdade dos seus clientes.

A presente pesquisa teve como objetivo verificar se o corpo docente reconhece a utilização das ações do marketing interno nos cursos de Administração de Curitiba, bem como se essa estratégia influencia na sua motivação como educador. Para tanto, foi realizada uma pesquisa conclusiva/descritiva nos meses de outubro e novembro de 2006 com 150 professores de 4 instituições de ensino de Administração de Curitiba. Essa amostra equivale a 20% dos cursos de Administração no município, pois, de acordo com Ministério da Educação – MEC (2006), no Paraná, em 2006, havia 183 cursos de Administração, dos quais 40 estavam disponíveis em 20 instituições de ensino de Curitiba.

Foram enviados, via *e-mail*, 151 questionários estruturados utilizando a técnica de amostragem bola de neve. Destes, 91 foram respondidos e reenviados para a pesquisadora. Os resultados mostraram que, do total de 91 docentes pesquisados, 47% não reconhecem a utilização das ações de marketing de interno nas instituições onde trabalham, e esse não reconhecimento ocorre, principalmente, entre os professores que trabalham como horistas. Além disso, 63% dos docentes relataram que seu comprometimento como educador primeiramente decorre de fatores intrínsecos. No entanto, fatores extrínsecos, como não se sentir parte de um grupo, condições inadequadas para trabalhar, desvalorização dos seus esforços, ambiente de desintegração e falta de oportunidade de se desenvolver como profissional, influenciam na sua motivação.

4. **Introdução** – O pesquisador descreve o problema apresentando os resultados das discussões com os responsáveis pelas decisões e os especialistas do setor estudado, os dados secundários e os dados da pesquisa qualitativa (se houve necessidade de realizá-la). Além disso, ele precisa descrever claramente a questão da pesquisa, os objetivos geral e específicos e as hipóteses, a fim de fornecer uma visão geral da organização.

A partir da década de 1970 surgiu uma abordagem alternativa do marketing baseada no estabelecimento e gerenciamento do relacionamento cujo foco eram as relações de trocas ocorridas entre compradores e vendedores. O marketing de relacionamento (MR) emerge como um novo paradigma ou uma nova orientação do marketing (Sheth; Parvatiyar, 2000; Palmer, 2001), cuja orientação passou dos aspectos transacionais e de curto prazo propagados pelo marketing tradicional para uma perspectiva predominantemente relacional e de longo-prazo (Ganesan, 1994; Grönroos, 1995). Inicialmente, sua aplicação era exclusivamente interorganizacional, mas aos poucos se tornou proposição também para mercados voltados ao consumidor final (O' Malley e Tynan, 2000).

O MR enfatiza, sobretudo, a necessidade de se estabelecer relacionamento de longo prazo com o mercado, em detrimento das práticas de transações com objetivos de curto prazo, buscando a lealdade dos clientes (Dwyer et al e Sheth, citados por Cravens e Piercy 1994). Os investimentos em MR só se justificam se a empresa tem o foco na conquista de novos clientes e na manutenção dos atuais. Por isso, é importante que a firma avalie se o mercado na qual ela está inserida comporta ou justifica a adoção das práticas do MR.

Nesse contexto, o objetivo desta pesquisa foi verificar o processo de desenvolvimento de relacionamentos no varejo farmacêutico da cidade de Curitiba. Para isso, optou-se por uma abordagem qualitativa de pesquisa, realizada por meio de um estudo de caso único utilizando o modelo de Parvatiyar e Sheth (2000). Da literatura pesquisada no contexto BtoC (business-to-consumer), o modelo desses autores (Parvatiyar; Sheth 2000) serviu como base principal para esse artigo, dada a sua relevância e a abrangência das dimensões utilizadas.

O modelo foi aplicado na rede de farmácias e drogarias XYZ, em razão de sua importância e liderança no segmento estudado, além da preocupação da empresa em manter relacionamento de longo prazo com seus clientes. Algumas das unidades amostrais foram: o presidente da empresa, os gerentes de marketing e os funcionários táticos que estão direta ou indiretamente envolvidos com as ações do MR da rede farmacêutica pesquisada.

Assim, esta pesquisa inicia-se com a apresentação do modelo proposto por Parvatiyar e Sheth (2000), seguido da metodologia e os resultados e, finalmente, as considerações finais.

Fonte: Adaptado de Mady; Akel Sobrinho, 2010.

5. **Metodologia** – Nesse tópico, o pesquisador deve detalhar como o projeto de pesquisa de mercado foi conduzido, considerando os seguintes aspectos: método de pesquisa (exploratória ou conclusiva); informação das fontes de dados utilizadas (secundárias ou primárias); tipo de pesquisa primária (qualitativa ou quantitativa); método de coleta de dados; população pesquisada; e planejamento amostral. A seguir, observe um exemplo de apresentação da metodologia.

Para verificar se o corpo docente reconhece a utilização do marketing interno nos cursos de Administração de Curitiba e se essa estratégia influencia no seu comprometimento como educadores, foi realizado um estudo conclusivo/descritivo nos meses de outubro e novembro de 2006, envolvendo docentes de quatro instituições de ensino de Administração de Curitiba. Essa amostra equivale a 20% dos cursos de administração no município de Curitiba.

Segundo o Ministério da Educação – MEC (2006), no Paraná havia 183 cursos de Administração, dos quais 40 estavam disponíveis em 20 instituições de ensino de Curitiba. Um questionário estruturado foi elaborado com base no levantamento teórico sobre o tema. As perguntas do questionário apresentavam escalas dicotômicas dos tipos "sim" e "não" ou "sim", "não" e "nem sempre"; havia, no entanto, a opção do respondente justificar sua resposta. Foi utilizado o método eletrônico, ou seja, enviaram-se 201 questionários via *e-mail* para os docentes utilizando a técnica bola de neve, que preconiza que cada respondente indique um ou mais respondentes que trabalhe na mesma instituição que a sua. Dos 201 questionários enviados, 151 foram respondidos e reenviados para os pesquisadores.

Esse exemplo está resumido a fim de que você tenha um direcionamento ao descrever a metodologia de um estudo; no entanto, no relatório de pesquisa, todos os tópicos devem ser descritos detalhadamente. Perceba, ainda, que foram retomados elementos textuais apresentados no resumo, visto que este apresenta brevemente todas as etapas da pesquisa.

6. **Resultados** – A apresentação dos resultados é a parte mais longa do relatório de pesquisa de mercado, uma vez que o pesquisador descreve-os minuciosamente. É importante observar se o relatório tem uma estrutura lógica e sequencial de resultados e descobertas.

O pesquisador deve utilizar quadros, tabelas, gráficos etc., pois tais recursos facilitam a compreensão dos resultados na apresentação.

Veja a seguir alguns exemplos de gráficos que podem ser utilizados pelo pesquisador:

Gráfico 6.1 - Idade dos respondentes

Até 29 anos	De 30 a 39 anos	De 40 a 49 anos	50 anos ou mais
40%	36%	18%	6%

Observe que foi utilizado um gráfico de barras para apresentar o resultado referente à idade dos respondentes. Esse tipo de gráfico pode ser utilizado tanto para apresentar os resultados de uma variável quanto para o resultado de diversas variáveis, conforme mostra o exemplo do Gráfico 6.2, a seguir, que apresenta as mesmas faixas etárias, porém comparando o percentual nos anos de 2010, 2011 e 2012. Veja:

Gráfico 6.2 - Acompanhamento da evolução da idade dos respondentes

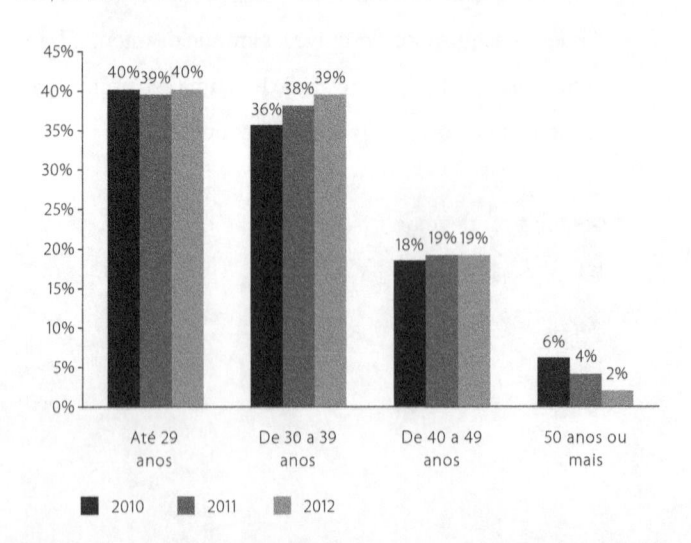

	Até 29 anos	De 30 a 39 anos	De 40 a 49 anos	50 anos ou mais
2010	40%	36%	18%	6%
2011	39%	38%	19%	4%
2012	40%	39%	19%	2%

É importante salientar que os gráficos de barras podem ser dispostos tanto na horizontal quanto na vertical. No Gráfico 6.3, a seguir, você pode observar o percentual das profissões dos respondentes, distribuídas horizontalmente.

Gráfico 6.3 – Ocupação atual

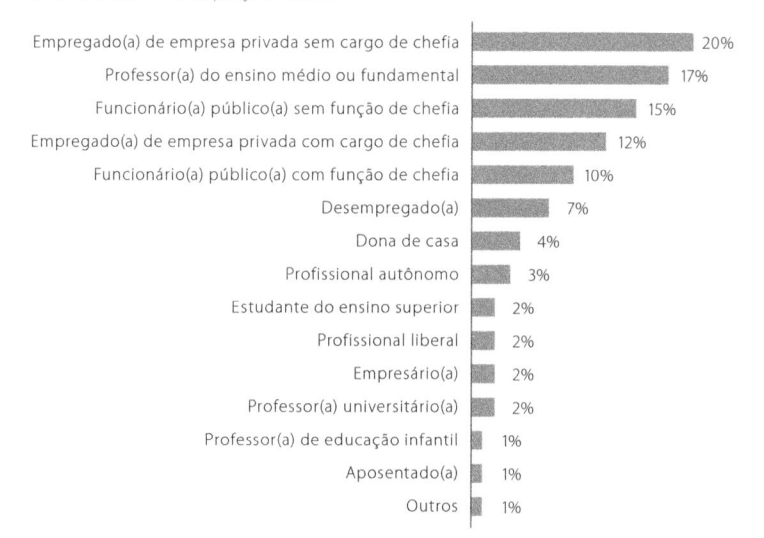

Ocupação	%
Empregado(a) de empresa privada sem cargo de chefia	20%
Professor(a) do ensino médio ou fundamental	17%
Funcionário(a) público(a) sem função de chefia	15%
Empregado(a) de empresa privada com cargo de chefia	12%
Funcionário(a) público(a) com função de chefia	10%
Desempregado(a)	7%
Dona de casa	4%
Profissional autônomo	3%
Estudante do ensino superior	2%
Profissional liberal	2%
Empresário(a)	2%
Professor(a) universitário(a)	2%
Professor(a) de educação infantil	1%
Aposentado(a)	1%
Outros	1%

O gráfico horizontal também pode ser utilizado para apresentar vários resultados de uma variável, conforme mostra o exemplo do Gráfico 6.4, que mostra a dimensão de algumas qualidades valorizadas pelo cliente ao ser atendido em um estabelecimento:

Gráfico 6.4 – Dimensões de qualidade valorizadas pelo cliente

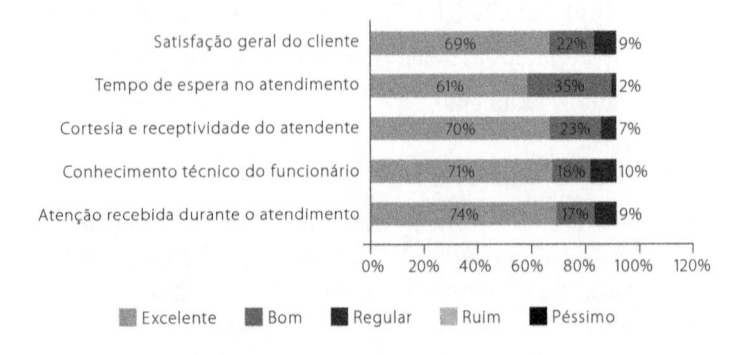

Dimensão	Excelente	Bom	Regular	Ruim	Péssimo
Satisfação geral do cliente	69%		22%		9%
Tempo de espera no atendimento	61%		35%		2%
Cortesia e receptividade do atendente	70%		23%		7%
Conhecimento técnico do funcionário	71%		18%		10%
Atenção recebida durante o atendimento	74%		17%		9%

Outra forma de apresentar os dados é por meio de gráficos circulares chamados *pizza*. Veja a seguir, na representação em um gráfico *pizza,* o percentual de respondentes dos gêneros masculino e feminino:.

Gráfico 6.5 – Gênero dos respondentes

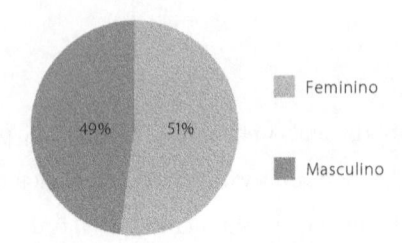

- Feminino: 51%
- Masculino: 49%

O pesquisador pode também utilizar tipos variados de gráficos para apresentar os resultados da pesquisa e, portanto, não precisa se limitar a um único tipo. Analise a seguir os gráficos 6.6 e 6.7: primeiramente temos o gráfico *pizza* e o percentual de respondentes que assinam ou não revistas; a seguir, podemos ver individualmente as marcas de revista mencionadas pelos respondentes e seu percentual.

Gráfico 6.6 – Percentual de assinantes de revistas

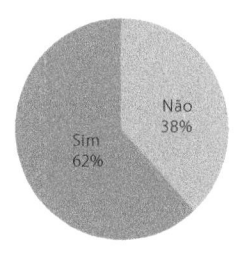

- Não 38%
- Sim 62%

Gráfico 6.7 – Percentual de assinantes por marca de revista

- Veja 37%
- IstoÉ 19%
- Época 14%
- Superinteressante 12%
- Nova Escola 6%
- Saúde 5%
- Exame 4%
- Caras 3%

Também podemos utilizar o gráfico de linhas para representação de percentuais. A seguir, você vê um exemplo desse tipo de gráfico que apresenta dados sobre a qualidade no atendimento, o que resulta na satisfação do cliente em determinado estabelecimento:

Gráfico 6.8 – Dimensões de qualidade valorizadas pelo cliente

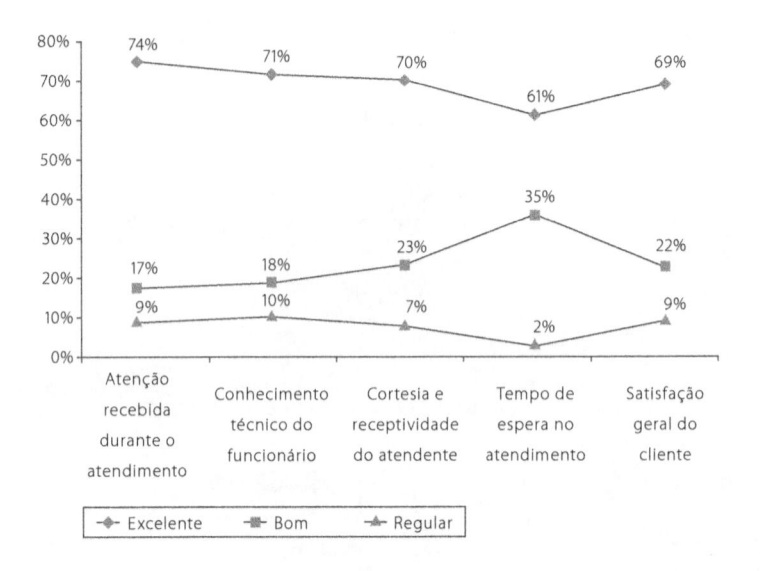

Dimensão	Excelente	Bom	Regular
Atenção recebida durante o atendimento	74%	17%	9%
Conhecimento técnico do funcionário	71%	18%	10%
Cortesia e receptividade do atendente	70%	23%	7%
Tempo de espera no atendimento	61%	35%	2%
Satisfação geral do cliente	69%	22%	9%

Outra forma de apresentação de resultados é, por exemplo, a utilização de mapas geográficos, aconselháveis para representar a localização da empresa ou dos concorrentes e a área de influência dos clientes. A seguir, observe no exemplo a distribuição dos clientes considerando as áreas da cidade de Curitiba:

Figura 6.1 – Bairro onde os clientes residem

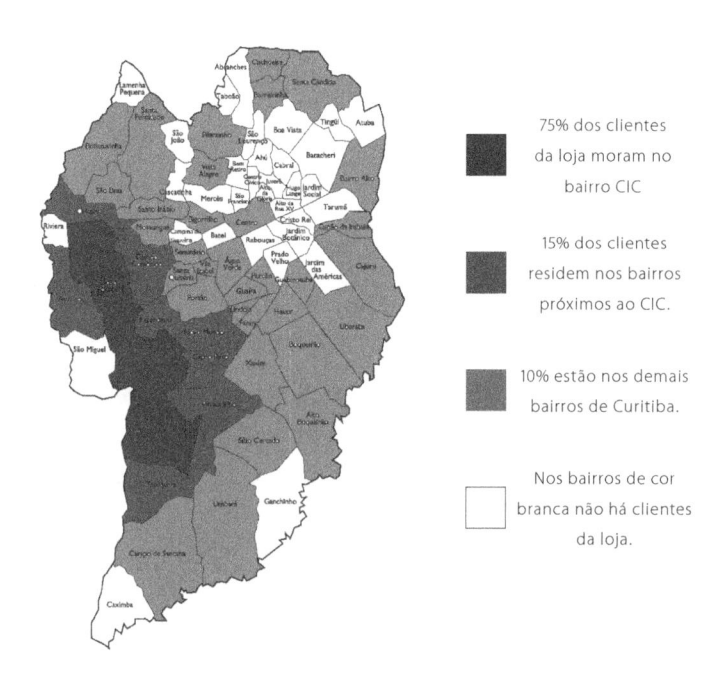

75% dos clientes da loja moram no bairro CIC

15% dos clientes residem nos bairros próximos ao CIC.

10% estão nos demais bairros de Curitiba.

Nos bairros de cor branca não há clientes da loja.

Semelhante aos gráficos, as tabelas também podem ser utilizadas para apresentar os resultados das pesquisas de mercado. Elas se caracterizam pelas linhas horizontais e as laterais abertas. Observe, a seguir, uma tabela que apresenta os bairros onde os clientes residem e o percentual dos meios de comunicação que conheceram o empreendimento. Note que, na tabela, aparecem dados quantitativos.

Tabela 6.1 – Conhecimento do empreendimento

	Total	Centro	Água Verde	Cabral	Ahú	Rebouças	Seminário
Indicação	36%	40%	33%	52%	16%	28%	58%
Internet	24%	17%	29%	18%	38%	33%	8%
Televisão	17%	21%	19%	15%	18%	8%	15%
Rádio	11%	6%	8%	4%	10%	11%	8%
Folder	8%	13%	8%	8%	17%	11%	8%
Jornal	4%	3%	3%	3%	1%	8%	2%
Total	7.930	95	75	136	77	108	48

Os quadros também podem ser utilizados pelo pesquisador, diferenciando-se da tabela pelo fato de as laterais serem fechadas. São organizados para apresentar dados qualitativos. A seguir, veremos um exemplo da utilização desse recurso.

Quadro 6.1 – Apresentação de dados qualitativos

Principais motivos da insatisfação dos clientes	
Atendimento	Os funcionários são desatentos e indiferentes; deixam os clientes esperando.
Qualidade dos produtos	Os produtos estragaram logo no primeiro uso. Para alguns clientes, o preço do produto é alto se analisado o resultado que apresenta.
Organização do estabelecimento	A loja é desorganizada; é difícil para o cliente localizar o produto desejado sem o auxílio de um funcionário.
Estacionamento	Não há estacionamento, o que ocasiona perda dos clientes que não costumam deixar o carro na rua.

Para finalizar, é importante ressaltar que o pesquisador deve apresentar os resultados recorrendo a ilustrações com os principais resultados discutidos no texto. Ele também pode, inicialmente, apresentar figuras, quadros, gráficos etc., e, em seguida, discutir os resultados, conforme veremos a seguir.

A análise dos dados mostrou que os atributos intrínsecos (sabor, cremosidade e teor de sal) foram citados pelos respondentes da amostra como os principais motivos do uso da principal marca consumida; no entanto, no teste de experimentação sem o nome da marca, os respondentes, apesar de citarem os mesmos atributos como motivos da escolha, não conseguiram identificar ou escolher a mesma marca de margarina citada como a principal consumida.

Nesse caso, é possível dizer que os respondentes confundem a qualidade objetiva das margarinas (cujos níveis eles não conseguem perceber) com a qualidade percebida que pode ser decorrente do aprendizado que obtiveram por meio de informações recebidas e acumuladas sobre a marca, o que imprime memória, conteúdo, significado, associações e valor aos produtos, diferenciando-os dos demais. Além disso, os resultados da pesquisa mostraram o efeito do atributo extrínseco "marca" sobre a preferência dos respondentes da amostra. As marcas Doriana e Delícia tiveram, respectivamente, 34% e 20% de respostas como a principal marca consumida. Já no teste de experimentação sem o nome da marca, obtiveram uma queda na preferência, indo para respectivamente 10% e 8%, enquanto, no teste de experimentação com o nome da marca, ambas obtiveram um aumento na preferência, indo para 24%.

> Esses resultados sugerem que, se o atributo extrínseco "marca" estiver presente, percebe-se pouca diferença entre o valor dos resultados encontrados, diferentemente daqueles nos quais os respondentes podem considerar também os atributos intrínsecos (sabor, cremosidade e teor de sal), mostrando-se uma queda de 340% na preferência da margarina Doriana e de 250% da Delícia, quando comparados os resultados da marca citada como a principal marca consumida com os do teste de experimentação sem o nome da marca.

Fonte: Adaptado de Virginia et al., 2010.

O exemplo descrito é apenas uma parte da análise de dados de um estudo; o objetivo é demonstrar como você pode discutir os resultados encontrados na pesquisa.

7. **Conclusões e recomendações** – A conclusão é uma inferência baseada em um resultado; por outro lado, a recomendação é uma sugestão de procedimento futuro. As conclusões devem estabelecer uma ponte entre os resultados encontrados, o problema e os objetivos da pesquisa.

A seguir, apresentamos um resumo das conclusões de um estudo realizado para verificar a influência da marca de margarina na preferência do consumidor.

> Este estudo teve como objetivo verificar a influência da marca na formação da preferência do consumidor de margarinas. Os resultados fornecem evidências de que o atributo extrínseco

"marca" exerce efeito acentuado na preferência do consumidor de margarinas. O mercado de margarinas, por ser altamente competitivo, disponibiliza ao consumidor várias opções de escolha de marcas que apresentam níveis equivalentes de preço e qualidade. Nesse contexto, no qual as pessoas consomem regularmente o produto, mas não entendem o suficiente das características intrínsecas dele, parece razoável sugerir que, em situações em que os atributos intrínsecos são muito semelhantes e o consumidor tem pouca capacidade de distinção, o gerenciamento da marca e sua força passam a ser fundamentais para a liderança e o consumo do produto.

As implicações gerenciais deste estudo mostram aos profissionais de marketing que a marca não é somente uma fonte de informações, mas também realiza funções que justificam sua atratividade e sua contrapartida monetária quando é valorizada pelos consumidores. Além disso, é importante que as marcas criem uma variedade de associações que possam proporcionar a base para o posicionamento da marca que conduzirá a todos os elementos do esforço de marketing.

Fonte: Adaptado de Virginia et al., 2010.

8. **Limitações** – O pesquisador deve relatar as restrições ou quaisquer problemas que tenham surgido, sejam eles de ordens temporal espacial, metodológica, operacional, entre outras, e comunicá-los aos leitores. Vale lembrar que não existe pesquisa perfeita.

Observe a seguir um exemplo de limitação de estudo utilizado.

Inerente ao caráter qualitativo da pesquisa, há limitações para confirmar os resultados encontrados nas relações entre os construtos analisados. Também pessoas com diferentes perfis (socioeconômico, demográfico, cultural, entre outros) poderiam ser investigadas para verificar semelhanças ou diferenças nos resultados. Além disso, outras categorias de produto podem ser analisadas observando a dimensão envolvimento (não abordado neste estudo) entre o consumidor e suas marcas.

Futuras pesquisas podem corroborar quantitativamente os resultados apresentados, ou ainda explorar a construção de modelos que agreguem construtos como satisfação, qualidade de relacionamento, comprometimento, confiança, entre outros. O entendimento dessas relações ajudaria no aprofundamento e na descoberta das peculiaridades desse tipo de relacionamento.

Fonte: Francisco-Mafezzolli et al., 2008.

9. **Apêndice** – Podem incluir diversos documentos, como cópia completa do instrumento de coleta de dados, cópia do plano amostral, procedimentos e cálculos detalhados utilizados nas análises realizadas e estimativas dos erros amostrais. Veja a seguir dois exemplos de apêndice.

Apêndice 1 – Plano amostral

	Segmento	Universo	Repres.	Erro 4%	Erro 3%
Sexo	Feminino	25.602	63%	373	655
	Masculino	15.005	37%	219	385

(continua)

(Apêndice 1 - conclusão)

	Segmento	Universo	Repres.	Erro 4%	Erro 3%
Idade	De 18 a 25 anos	8.751	22%	128	224
	De 26 a 32 anos	10.953	27%	160	281
	De 33 a 39 anos	9.500	23%	138	243
	De 40 a 46 anos	6.423	16%	94	165
	Acima de 47 anos	4.980	12%	73	128
Estado	São Paulo	13.906	34%	203	356
	Rio de Janeiro	12.190	30%	178	312
	Paraná	4.778	12%	70	122
	Minas Gerais	7.358	18%	107	188
	Espírito Santo	2.375	6%	35	61
Cidade	São Paulo	14.250	35%	208	365
	Rio de Janeiro	10.150	25%	148	260
	Curitiba	7.250	18%	106	186
	Belo Horizonte	6.807	17%	99	174
	Vitoria	2.150	5%	31	55
	Total	40.607		592	1.040

Observe o exemplo. Note que podemos verificar alguns dados dos elementos da população amostral: sexo e idade dos participantes e cidade e estado onde residem. A seguir, apresentamos um questionário, ou seja, um exemplo de instrumento pesquisa.

Apêndice 2 – Instrumento de pesquisa

Dados cadastrais	
Nome:	
Bairro:	
Cidade:	
UF:	
Telefone:	

1. Há quanto tempo você conhece a Alfa? _____
   _____

2. Há quanto tempo você é cliente da Alfa? _____
   _____

3. Analise as afirmações a seguir considerando uma escala de 1 a 5, em que 1 significa **discordo totalmente** e 5 **concordo totalmente**.
   a. Quando penso em uma concessionária de carro, lembro-me da Alfa. ( )
   b. Quando penso na marca Alfa, algumas características positivas me vêm imediatamente à memória. ( )
   c. Me sinto familiar à marca Alfa. ( )
   d. Posso reconhecer rapidamente a marca Alfa entre suas concorrentes. ( )

4. Responda rapidamente, sem pensar muito no assunto.
   a. Quando você pensa na Alfa, qual é a primeira palavra que vem à sua mente?
   _____

   b. Por quê?
   _____
   _____
   _____

(continua)

(Apêndice 2 – continuação)

5. Se você pudesse associar uma pessoa à Alfa, quem seria?
   _____
   _____

   a. Por quê?
      _____
      _____
      _____

6. Complete algumas frases:
   a. As pessoas que compram na Alfa são _____
      _____.
   b. A Alfa é conhecida por _____.
   c. As pessoas gostam da Alfa porque _____
      _____.
   d. As pessoas não gostam da Alfa porque _____
      _____.
   e. Sempre que falo sobre a Alfa eu _____
      _____.

7. Como você qualifica a sua experiência com a Alfa? ( )
   1. Extremamente negativa
   2. Negativa
   3. Nem positiva, nem negativa
   4. Positiva
   5. Extremamente positiva

8. Você gosta da marca Alfa? ( )
   1. Não gosto
   2. Gosto pouco
   3. Gosto muito

(Apêndice 2 – conclusão)

9. Para você, ser cliente da Alfa é: ( )
    1. Extremamente desfavorável
    2. Desfavorável
    3. Nem favorável, nem desfavorável
    4. Favorável
    5. Extremamente favorável
10. Ser conhecido pelos meus amigos como cliente Alfa é: ( )
    1. Extremamente desvantajoso
    2. Desvantajoso
    3. Nem vantajoso, nem desvantajoso
    4. Vantajoso

Abordamos, até agora, os passos que norteiam a elaboração do relatório para apresentação dos resultados da pesquisa de mercado. Na sequência, veremos um princípio importante durante a realização da pesquisa: a ética.

Ética na pesquisa de mercado

A ética procura estabelecer se uma ação ou atitude é correta ou não, com o objetivo de assegurar que nenhuma pessoa seja prejudicada ou sofra consequências adversas por causa das atividades de pesquisa de mercado. O tópico *ética* é muito apropriado para a pesquisa de mercado, visto que o pesquisador mantém contato constante com clientes.

> A ética refere-se a princípios ou valores morais que regem a conduta de indivíduos ou grupos.

Os pesquisadores têm responsabilidades relacionadas a sua profissão, a seus clientes e a seus pesquisados. Sendo assim, precisam comprometer-se com altos padrões éticos para assegurar que tanto a função como a informação conquistem e mantenham boa reputação.

As partes envolvidas em um projeto de pesquisa geralmente são o cliente, o respondente e a empresa de pesquisa, e todos eles têm responsabilidades uns com os outros, bem como com o projeto de pesquisa. Surgem questões éticas quando os interesses estão em conflito e um ou mais elementos envolvidos não cumprem suas responsabilidades (Aaker; Kumar; Day, 2004; Malhotra, 2011; Cooper; Schindler, 2003).

Malhotra (2011) relata que há grupos de interesses que poderão ser afetados pelo processo de pesquisa de mercado, ou seja, o público, o respondente, o cliente e o pesquisador. A seguir, veremos cada um desses grupos e discutiremos as situações em que cada um deles é vulnerável aos outros e em quais aspectos eles podem ser prejudicados.

> » **Público** – No que diz respeito ao público, as preocupações devem se referir aos métodos para geração de relato dos resultados das pesquisas de mercado. Em situações em que as informações são distorcidas, seja pelo pesquisador, seja pelo cliente, o público fica em desvantagem. Sendo assim, é responsabilidade conjunta do pesquisado e do cliente assegurar que os resultados de uma pesquisa se disseminem com precisão. Deve-se evitar que os resultados não sejam revelados em sua

totalidade, bem como a distorção de uma informação e a realização de maneira não objetiva da pesquisa (sendo, então, tendenciosa).

» **Respondente** – Sem o envolvimento dos respondentes as empresas não poderiam realizar pesquisas de mercado; por isso, é fundamental que o pesquisador os proteja contra práticas antiéticas de pesquisa.

Veja a seguir o Quadro 6.2, que transcreve as principais preocupações éticas referentes a práticas enganosas, invasão de privacidade e falta de preocupação com os assuntos ou com os respondentes:

Quadro 6.2 – Preocupações éticas no relacionamento pesquisador-respondente

Práticas enganosas:
» Promessas não mantidas de preservação da identidade.
» Identificação falsificada do patrocinador.
» Venda com pretexto de pesquisa.
» Desvirtuamento dos processos de pesquisa: extensão de questionário ou entrevista; possíveis contatos de acompanhamento; revelação do objetivo de estudo; uso dos resultados para outros fins; recompensas não entregues.
Invasão de privacidade:
» Estudos de observação sem consentimento.
» Fusão de dados de várias fontes.
» Questões e tópicos demasiadamente pessoais.
Falta de preocupação com os assuntos ou com os respondentes:
» Entrevistas com pessoas em horário impróprio.
» Entrevistadores incompetentes ou insensíveis.
» Ausência de um esclarecimento pós-disfarce.
» Uso demasiadamente frequente do público para pesquisa.
» Não divulgação dos detalhes da pesquisa (extensão, acompanhamento, objetivos etc.).

Fonte: Adaptado de Malhotra, 2011, p. 624.

» **Cliente** – No que diz respeito ao cliente, as áreas que requerem atenção do ponto de vista ético são as apresentadas a seguir:

   a. O abuso de posição – O pesquisador detém o conhecimento e é responsável por utilizar devidamente sua posição, e, portanto, precisa fazer uma pesquisa de qualidade que respeite, ao mesmo tempo, os recursos, o tempo e o dinheiro do clientes.
   b. Pesquisa desnecessária – O pesquisador tem o dever ético de não fazer pesquisas desnecessárias. Essas situações podem ocorrer quando o cliente quiser fazer uma pesquisa sem objetivo útil ou já feita anteriormente.
   c. Pesquisador não qualificado – Quando o pesquisador não tem experiência, capacidade necessária ou não dispõe dos recursos necessários para realizar o projeto de pesquisa. Nessas situações, é adequado que o pesquisador explique suas limitações e recuse o projeto.
   d. Revelação de identidade – O cliente tem o direito da proteção da sua identidade antes, durante e depois da conclusão do projeto de pesquisa. Sendo assim, o pesquisador tem o dever de não revelar a identidade do cliente a concorrentes e entrevistados, entre outros, a não ser que seja autorizado a fazê-lo.

e. Dados não confidenciais – Os dados coletados ou os resultados obtidos pertencem ao cliente e devem ser mantidos em caráter estritamente confidencial pelo pesquisador.

f. Apresentação enganosa – Apresentar dados que façam o cliente acreditar que os resultados são mais precisos do que realmente são; utilizar termos demasiadamente técnicos para confundir o cliente; e fazer a apresentação incompleta dos resultados da pesquisa são elementos que não fazem parte de uma conduta ética do pesquisador.

» **Pesquisador** – O pesquisador autônomo ou a empresa de pesquisa tem o direito de tratamento ético por parte do cliente. O pesquisador deve evitar as seguintes questões:

a. Solicitação imprópria – Quando um fornecedor de pesquisa submete uma proposta a um cliente potencial, deve ter a certeza de que este pretende contratá-la. O cliente não deve tentar utilizar incorretamente a proposta, caso resolva contratar outra empresa, pois a proposta de pesquisa é propriedade de quem a elaborou.

b. Técnicas reservadas – O pesquisado ou a empresa da pesquisa também tem o direito de que nenhuma de suas técnicas reservadas sejam reveladas pelo cliente a nenhum concorrente.

c. Alteração de resultados – O cliente não deve distorcer os resultados apresentados pelo pesquisador em seu próprio benefício, às custas da reputação do pesquisador.

Nesta segunda parte do capítulo, apresentamos os grupos de interesse em pesquisa de mercado e os problemas éticos mais frequentes. Para evitá-los, a American Marketing Association (AMA) elaborou um código de ética de pesquisa, apresentado a seguir, com diretrizes gerais para o comportamento ético.

Código de ética de pesquisa

A American Marketing Association, na concretização de seu objetivo central do desenvolvimento da ciência no marketing, e reconhecendo sua obrigação para com o público, estabelece, para orientação de seus membros, os seguintes princípios de prática ética em pesquisa de mercado.

Para usuários, profissionais e entrevistados de pesquisas

1. Nenhum indivíduo ou organização empreenderá qualquer atividade direta ou indiretamente considerada como pesquisa de mercado, mas cujo propósito real seja a venda de produtos ou serviços aos respondentes no decorrer da pesquisa.
2. Se um entrevistado foi induzido a crer, direta ou indiretamente, que está participando de um estudo de marketing, e que sua identidade será preservada, seu nome não deve ser divulgado a quem quer que seja fora da organização ou do departamento da pesquisa, nem usado para outros fins que não a pesquisa.

Para profissionais de pesquisa

1. Não haverá deturpação intencional ou deliberada de métodos ou resultados de pesquisa. Será fornecida a pedido, ao patrocinador do *survey*, uma descrição adequada dos métodos empregados. Também estará à disposição dos compradores da pesquisa evidência de que o trabalho de campo foi completado de acordo com as especificações.

2. A identidade do patrocinador da pesquisa e/ou do cliente final para quem está sendo feito um *survey* será considerada confidencial em qualquer momento, a menos que essa identidade deva ser revelada como parte do plano de pesquisa. As informações sobre a pesquisa serão consideradas confidenciais pela organização ou pelo departamento de pesquisa e não serão usadas em proveito pessoal nem postas à disposição de qualquer pessoa fora do grupo, a menos que o cliente expressamente autorize tal divulgação.

3. Uma organização de pesquisas não empreenderá estudos para clientes concorrentes quando tais estudos possam comprometer a natureza confidencial das relações cliente-agência.

Para usuários de pesquisa de mercado

1. Um usuário de pesquisa não divulgará, conscientemente, conclusões de um determinado projeto de pesquisa ou serviço que sejam inconsistentes com os dados ou não justificados por eles.

2. Sempre que usada uma concepção especial envolvendo técnicas, abordagens ou conceitos não comumente disponíveis aos pesquisadores, um usuário eventual da pesquisa não deve solicitá-la de um pesquisador a fim de entregá-la a outro para execução sem aprovação do elaborador original dessa concepção.

Para entrevistadores de campo

1. Os esquemas de pesquisa e o material recebido, assim como a informação obtida de respondentes, serão mantidos em caráter confidencial pelo entrevistador e só revelados à organização que está fazendo o estudo de mercado.
2. Nenhuma informação obtida por meio de uma atividade de *survey* será usada, direta ou indiretamente, em proveito pessoal do entrevistador.
3. As entrevistas serão realizadas estritamente de acordo com as especificações e instruções recebidas.
4. O entrevistador não realizará duas ou mais entrevistas simultaneamente, a menos que tenha sido autorizado por todos os contratadores ou empregadores interessados.
5. Os membros da American Marketing Association devem conduzir-se de acordo com as estipulações deste código em todas as suas atividades de pesquisa de mercado.

Fonte: Malhotra, 2011, p. 628.

A abordagem do tema *ética* é primordial para criar a consciência de que há limites até onde o pesquisador pode ir com sua pesquisa. Realizar estudos que não preservem o anonimato dos participantes ou que sejam feitos sem o consentimento deles, insistir que alguém participe de uma pesquisa mesmo após sucessivas recusas, manipular os resultados ou trapacear são exemplos de posturas que o pesquisador não deve adotar.

Leia a seguir um estudo de caso em que o tema ética é evidente.

Estudo de caso

Uma jogada competitiva na revista de bordo

Quando uma gerente de pesquisa de mercado da AutoCorp, uma das grandes fabricantes de automóveis, entrou no avião em Chicago, ela estava pensando em redução na participação de mercado e em anúncios tardios de produto. A gerente então se acomodou para aproveitar o restante de um dia agitado e procurou a revista de bordo que estava no bolso do assento à sua frente. No entanto, quando foi pegá-la, viu um relatório com o símbolo do concorrente, escrito "Confidencial", o qual continha uma descrição dos comunicados sobre novos produtos para os próximos dois anos. O relatório não era apenas destinado a um pequeno círculo de executivos seniores, mas também respondia a questões que haviam sido propostas recentemente a uma empresa externa de pesquisa. A proposta para a pesquisa solicitada poderia ser cancelada. Seu orçamento de pesquisa, já pequeno, poderia ser economizado. Ela via apenas um problema. Nos últimos meses, o recém-contratado gerente de ética da AutoCorp revisara as Diretrizes de Conduta empresarial da empresa. Agora a empresa exigia que os funcionários que tivessem informações sobre os concorrentes as devolvessem ou as desconsiderassem. Mas isso era ainda um rascunho e não estava formalmente aprovado. Ela tinha o resto do voo para decidir se devolvia o documento para a companhia ou se o colocava em sua pasta.

Fonte: Adaptado de Cooper; Schindler, 2003, p. 120.

Reflita sobre o exemplo mencionado no estudo de caso e responda:

1. Quais são as decisões mais prudentes que a gerente de marketing pode tomar a respeito de suas responsabilidades consigo e com os outros?
2. Quais são as implicações dessas decisões, mesmo se não houver violação da lei ou da regulamentação?

Síntese

A apresentação dos resultados da pesquisa de mercado é a última etapa do processo de pesquisa, e a comunicação bem planejada e executada valoriza os resultados da pesquisa e da equipe que a realizou. O relatório de pesquisa, em geral, é composto pelos seguintes elementos: folha de rosto ou capa, sumário ou índice, resumo executivo ou gerencial, introdução, metodologia, resultados, conclusões e recomendações, limitações e anexos.

A ética refere-se aos valores que norteiam a pesquisa de mercado. Os pesquisadores têm responsabilidades relacionadas a sua profissão, a seus respondentes e a seus entrevistadores. Sendo assim, precisam comprometer-se com altos padrões éticos para assegurar que tanto sua função quanto as informações coletadas garantam e mantenham sua boa reputação.

Questões para revisão

1. Descreva quais as informações que devem constar na introdução do relatório de pesquisa.

2. Quais são as áreas que requerem atenção do ponto de vista ético no relacionamento pesquisador-cliente?

3. Assinale a seguir as alternativas que descrevem os aspectos que mostram a importância do relatório de pesquisa e de sua apresentação:
   a. São os produtos completos do processo de pesquisa.
   b. A contratação para pesquisas futuras pela mesma empresa não será influenciada pela qualidade do relatório e da apresentação.
   c. O envolvimento de muitos gerentes de marketing no projeto não se limita ao relatório escrito e à apresentação oral.
   d. As decisões da administração são orientadas pelo relatório e por sua apresentação.

4. Assinale as alternativas que revelam as preocupações éticas no relacionamento pesquisador-respondente:
   a. Promessa não mantida de preservar a identidade.
   b. Estudos de observação sem consentimento.
   c. Entrevistas de pessoas em horários impróprios.
   d. Deturpação dos resultados.

5. Assinale seguir as alternativas que descrevem os temas que compõem a metodologia no relatório de pesquisa:
   a. Método de pesquisa (exploratório ou conclusivo).
   b. Fontes de dados (primários ou secundários).
   c. Objetivos de pesquisa (geral e específicos).
   d. Tipo de pesquisa primária (qualitativa ou quantitativa).

Para saber mais

Para saber mais sobre a apresentação dos resultados, leia o artigo disponível no seguinte *site*:

BRASIL. Ministério da Saúde. Secretaria de Gestão Estratégica e Participativa. *Relatório da pesquisa*. Brasília, 2011. Disponível em: <http://www.cosemsal.org/public/documentos/5594.pdf>. Acesso em: 20 abr. 2013.

Para saber mais sobre o código de conduta em vigor no Brasil desde 20/05/2009, acesse o *site* a seguir:

ABEP – Associação Brasileira de Empresas de Pesquisa. *Código de conduta*. Disponível em: <http://www.abep.org/novo/Content.aspx?ContentID=152>. Acesso em: 28 abr. 2013.

para concluir...

Em um mercado competitivo, com clientes cada vez mais exigentes, a empresa precisa desenvolver produtos e serviços qúe atendam às necessidades e aos desejos dos consumidores a fim de permanecer no mercado em que atuam.

Para conhecer essas necessidades e desejos, é necessário obter informações que auxiliem na tomada de decisão, contexto em que surge a pesquisa de mercado, cujo papel é avaliar a necessidade de informações e fornecê-las ao gestor.

A pesquisa de mercado identifica, coleta, analisa e dissemina as informações de forma sistemática e objetiva.

O gestor precisa utilizar a pesquisa de mercado de forma inteligente e, para tanto, necessita, primeiramente, entender as razões pelas quais as empresas realizam a pesquisa de mercado, que são duas:

identificação do problema e solução do problema.

O processo de pesquisa de mercado precisa ser planejado e sistemático, com o objetivo de garantir que todos os aspectos do projeto tenham consistência entre si. Ele é composto por diversas etapas, que vão da formulação do problema à apresentação dos resultados.

A primeira etapa do processo de pesquisa é a formulação do problema de pesquisa. O pesquisador deverá entender profundamente o problema enfrentado pela empresa, sendo, para isso, imprescindível: conversar com os responsáveis pelas decisões, entrevistar peritos da área investigada, analisar dados secundários e, muitas vezes, realizar uma pesquisa qualitativa. Após entender profundamente o problema, o pesquisador formulará o objetivo, a questão ou as hipóteses de pesquisa de mercado.

A segunda etapa consiste no planejamento da pesquisa. O pesquisador definirá o tipo de pesquisa, as fontes de dados a serem utilizados, os métodos de coleta de dados e os processos de medição e escalonamento e elaborará o instrumento de coleta de dados, o processo de amostragem e o tamanho da amostra.

A terceira etapa diz respeito à coleta de dados. Após realizar o planejamento da pesquisa, o pesquisador iniciará a coleta, e, para que isso aconteça, ele precisará selecionar e treinar a equipe, enviá-la a campo, supervisioná-la e avaliá-la a fim de minimizar os erros nessa etapa.

A quarta etapa é o preparo e a análise dos dados. Após a coleta, é hora de editar, codificar, transcrever e verificar os dados. O pesquisador inspeciona, edita e, se necessário, corrige os questionários aplicados em campo. Os resultados são inseridos em planilhas de Excel® ou *softwares* de pesquisas, possibilitando a análise dos dados por meio de técnicas estatísticas.

A quinta e última etapa é a apresentação dos resultados, momento em que o pesquisador comunicará o resultado de todo o trabalhado realizado; por isso, a apresentação deve ser bem elaborada, a fim de valorizar o resultado da pesquisa e a equipe que a realizou. A apresentação é escrita e pode ser complementada pela exposição oral.

A comunicação escrita pode ser feita por meio de artigos em revista e jornais, entrevistas e reportagens em meios de comunicação escrita, entre outros. A maioria dos relatórios inclui os seguintes elementos: folha de rosto ou capa, sumário ou índice, resumo executivo ou gerencial, introdução, metodologia, apresentação dos resultados, conclusões e recomendações, limitações e anexos.

Para finalizar, é importante o pesquisador levar em consideração as responsabilidades relacionadas a sua profissão, a seus clientes e a seus pesquisados. Ele precisa comprometer-se com os altos padrões éticos para assegurar que tanto a função quanto a informação garantam e mantenham sua boa reputação.

referências

AAKER, D. A.; KUMAR, V.; DAY, G. S. *Pesquisa de marketing*. 2. ed. São Paulo: Atlas, 2004.

ABEP – Associação Brasileira de Empresas de Pesquisa. *Código de conduta*. Disponível em: <http://www.abep.org/novo/Content.aspx?ContentID=152>. Acesso em: 28 abr. 2013.

BOONE, L. E.; KURTZ, D. L. *Marketing contemporâneo*. 8. ed. Rio de Janeiro: LTC, 1998.

BRASIL. Ministério da Saúde. Secretaria de Gestão Estratégica e Participativa. *Relatório da pesquisa*. Brasília, 2011. Disponível em: <http://www.cosemsal.org/public/documentos/5594.pdf>. Acesso em: 20 abr. 2013.

CALLIYERIS, V. E.; LAS CASAS, A. L. A utilização do método de coleta de dados via internet na percepção dos executivos dos institutos de pesquisa de mercado atuantes no Brasil. *Interações*, Campo Grande, v. 13, n. 1, p. 11-22, jan./jun. 2012. Disponível em: <http://www.scielo.br/pdf/inter/v13n1/a01v13n1.pdf>. Acesso em: 17 mar. 2013.

CAMARGO, S. M. et al. Cultura da marca: estratégia ou acaso? *Revista Ciências Administrativas*, Fortaleza, v. 17, n. 3, p. 946-972, set./dez. 2011. Disponível em: <http://www.unifor.br/images/pdfs/cca/v17_n3_artigo12.pdf>. Acesso em: 23 mar. 2013.

CHURCHILL JUNIOR, G. A.; BROWN, T. J.; SUTER, T. A. *Pesquisa básica de marketing*. 7. ed. São Paulo: Cengage Learning, 2011.

CHURCHILL JUNIOR, G. A.; PETER, J. P. *Marketing*: criando valor para os clientes. 2 ed. São Paulo: Saraiva, 2003.

CNC – Conselho Nacional do Café. *Cafés do Brasil*. Disponível em: <http://www.cncafe.com.br/site/conteudo.asp?id=10>. Acesso em: 20 nov. 2013.

COOPER, D. R; SCHINDLER, P. S. *Métodos de pesquisa em*

administração. 7. ed. Porto Alegre: Bookman, 2003.

EDUARDO, O. da C. Pequena história comentada da pesquisa de mercado e opinião no Brasil: a etapa pioneira. *Revista da ESPM*, v. 10, n. 1, p. 9-22, jan./fev. 2003. Disponível em: <http://www.q1pesquisa.com.br/HISTORIA_PESQUISA.PDF>. Acesso em: 20 nov. 2013.

ESPM – Escola Superior de Propaganda e Marketing. *ACTIVIA*: consumer insight e construção de marca. Disponível em: <http://www.espm.br/Publicacoes/CentralDeCases/Documents/ACTIVIA.pdf>. Acesso em: 23 fev. 2013.

FRANCISCO-MAFEZZOLLI, E. C. et al. Reflexões sobre o uso de técnicas projetivas na condução de pesquisas qualitativas em marketing. *Revista Brasileira de Pesquisas de Marketing, Opinião e Mídia*, [S.l.], n. 3, p. 37-48, set. 2009. Disponível em: <http://www.revistapmkt.com.br/Portals/9/Edicoes/Revista_PMKT_003_04.pdf>. Acesso em: 17 abr. 2013.

FRANCISCO-MAFEZZOLLI, E. C. et al. Um modelo conceitual das relações entre sentimentos, intimidade, interdependência e autoconexão do consumidor com marcas. In: ENCONTRO DE MARKETING DA ANPAD, 3., 2008, Curitiba. *Anais...* Curitiba: Anpad, 2008. Disponível em: <http://www.anpad.org.br/diversos/trabalhos/EMA/ema_2008/2008_EMA155.pdf>. Acesso em: 24 jan. 2014.

FREZATTI, F. Análise dos traços de tendência de uma amostra das revistas científicas da área de contabilidade na língua inglesa. *Caderno de Estudos*, São Paulo, v. 13, n. 24, p. 50-78, jul./dez. 2000. Disponível em: <http://www.eac.fea.usp.br/cadernos/completos/cad24/revista_24_Art%204.pdf>. Acesso em: 24 mar. 2013.

IBOPE – Instituto Brasileiro de Opinião Pública e Estatística. *Audiência de televisão*. Disponível em: <http://www.ibope.com.br/pt-br/relacionamento/duvidas-frequentes/Paginas/Audiencia-de-televisao.aspx>. Acesso em: 3 mar. 2013.

KOTLER, P.; ARMSTRONG, G. *Princípios de marketing*. 9. ed. São Paulo: Prentice Hall, 2006.

KOTLER, P.; KELLER, K. L. *Administração de marketing*. 12. ed. São Paulo: Prentice Hall, 2006.

LIMA, M. V. V. *A influência da qualidade percebida, dos valores de consumo e das emoções na avaliação da satisfação de usuários de shopping center*. Disponível em: <http://www.dominiopublico.gov.br/pesquisa/DetalheObraForm.do?select_action=&co_obra=159278>. Acesso em: 23 mar. 2013.

LUCIO, C. F. *A verdade sobre a beleza*: um relatório global. Disponível em: <http://www.abcdomarketing.com.br/wp-content/uploads/2009/01/case-dove.pdf>. Acesso em: 24 out. 2013.

MADY, E. B. *A evolução dos conceitos e práticas do marketing de relacionamento*: um estudo de caso no varejo farmacêutico de Curitiba. 212 f. Dissertação

(Mestrado em Administração) – Universidade Federal do Paraná, Curitiba, 2009. Disponível em: <http://dspace.c3sl.ufpr.br/dspace/bitstream/handle/1884/20458/MARKETING_DE_RELACIONAMENTO_14_08uv.pdf?sequence=1>. Acesso em: 17 abr. 2013.

MADY, E. B.; AKEL SOBRINHO, Z. O marketing de relacionamento no varejo farmacêutico de Curitiba. In: D'ANGELO, C. F. (Org.). *Varejo competitivo*. 15. ed. São Paulo: Saint Paul, 2010, v. 15.

MALHOTRA, N. K. *Pesquisa de marketing*: uma orientação aplicada. 4. ed. Porto Alegre: Bookman, 2006.

_____. *Pesquisa de marketing*: uma orientação aplicada. 6. ed. Porto Alegre: Bookman, 2011.

MATTAR, F. N. Método da observação. In: _____. *Pesquisa de marketing*. São Paulo: Atlas, 2001. p. 81-85. Disponível em: <https://docs.google.com/viewer?a=v&pid=forums&srcid=MDU1MzcyODAyODA4NDE3NDg4NjIBMDY3NjMwNTU1NjI2MDE2MDkxNDcBVW9FTmhOZDJaY1lKATQBAXYy>. Acesso em: 17 abr. 2013.

_____. *Pesquisa de marketing*: edição compacta. 5. ed. Rio de Janeiro: Elsevier, 2012.

_____. SIM: Sistemas de informação de marketing. *Mercado Global*, [S.l.], ano 13, n. 67, p. 24-45, mar./abr. 1986. Disponível em: <http://www.fauze.com.br/DOCUMENTOS/SIM.pdf>. Acesso em: 9 mar. 2013.

NICKELS, W. G.; WOOD, M. B. *Marketing*: relacionamentos, qualidade, valor. Rio de Janeiro: LTC, 1999.

OLIVEIRA, L. M. B. de; MORAES, W. F. A. de. *Coleta de dados realizada por questionário enviado pelo correio*: método eficaz? Disponível em: <http://www.scielo.br/pdf/rae/v34n4/a10v34n4.pdf>. Acesso em: 20 abr. 2013.

OLIVEIRA, T. M. V. de. Escalas de mensuração de atitudes: Thurstone, Osgood, Stapel, Likert, Guttman, Alpert. *Administração On Line*, São Paulo, v. 2, n. 2, abr./maio/jun. 2001. Disponível em: <http://www.fecap.br/adm_online/art22/tania.htm>. Acesso em: 12 nov. 2013.

PINSONNEAULT, A.; KRAEMER, K. L. *Survey Methodology Research in Management Information Systems*: na Assessement. 1993. Disponível em: <http://escholarship.org/uc/item/6cs4s5f0>.

PIRES, N. C. M. et al. Diferenças e semelhanças nos métodos de amostragem de pesquisa top of mind: um estudo comparativo. *RBGN*, São Paulo, v. 8, n. 22, p. 37-45, set./dez. 2006. Disponível em: <http://www.spell.org.br/documentos/download/6489>. Acesso em: 20 abr. 2013.

PUGLIA, A. *Consumer Insight*. Disponível em: <http://www.slideshare.net/anapuglia/consumer-insight-3379859>. Acesso em: 10 mar. 2013.

SANTOS, F. A. de S. N. dos; NEVES, M. M. C. F. de S. *O marketing e a análise de dados para a tomada de decisões*.

Disponível em: <http://www.ipv.pt/millenium/Millenium29/24.pdf>. Acesso em: 22 abr. 2013.

SCHIFFMAN, L. G.; KANUK, L. L. *Comportamento do consumidor*. 9. ed. Rio de Janeiro: LTC, 2009.

SERASA EXPERIAN. *Mosaic Brasil*. Disponível em: <http://www.serasaexperian.com.br/mosaic/o-que-e.html>. Acesso em: 3 mar. 2013.

SHETH, J. N.; MITTAL, B.; NEWMAN, B. I. *Comportamento do cliente*: indo além do comportamento do consumidor. São Paulo: Atlas, 2008.

SURVEYMONKEY. *Modelo de satisfação de clientes*. Disponível em: <http://pt.surveymonkey.com/s/Satisfacaodecliente>. Acesso em: 12 dez. 2013.

TALVINEN, J. M. Information Systems in Marketing: Identifying Opportunities for New Applications. *European Journal of Marketing*, v. 29, p. 8-26, jun. 1995.

VIEIRA, V. A. Importância das técnicas de escalonamento em pesquisa de marketing. *Revista Ciências Empresariais da Unipar*, Toledo, v. 3, n. 2, p. 151-166, jul./dez. 2002. Disponível em: <http://revistas.unipar.br/empresarial/article/viewFile/1476/1297>. Acesso em: 20 abr. 2013.

VIRGINIA, M. et al. O efeito do atributo extrínseco marca na preferência dos consumidores: um experimento com margarinas. *Revista Eletrônica de Gestão*, 2010. Disponível em: <www.ufpi.br/reges>. Acesso em: 3 mar. 2010.

respostas

Capítulo 1

1. O papel da pesquisa de mercado consiste em avaliar as necessidades de informação e fornecer às gerências informações relevantes, precisas, confiáveis, válidas e atuais. Essas informações podem ser utilizadas para identificar e definir oportunidades e problemas de marketing, monitorar o desempenho do marketing e aprimorar a compreensão do marketing como um processo.

2. O sistema de informações de marketing (SIM) é um conjunto formalizado de procedimentos para gerar, analisar, armazenar e distribuir, permanentemente, informações aos responsáveis pelas decisões de marketing. A definição de SIM é semelhante à de pesquisa de mercado; no entanto, a diferença está no fato de o SIM fornecer informações continuamente, enquanto a pesquisa de mercado oferece informações pontuais.

3. II, I, III, II
4. b, c
5. a, c

Capítulo 2

1. Resumidamente, a pesquisa exploratória tem como principal objetivo prover a compreensão do problema enfrentado pelo pesquisador. É utilizada nos casos em que o pesquisador precisa definir o problema com maior precisão, além de identificar cursos relevantes de ação ou obter dados adicionais antes que se possa desenvolver uma abordagem. Por outro lado, a pesquisa conclusiva é mais formal e estruturada que a exploratória. Ela é concebida para auxiliar os responsáveis pelas decisões a determinar, avaliar e selecionar o melhor curso de ação a ser seguido.
2. O pesquisador deve iniciar a procura com a busca de dados secundários internos, depois externos e, por último, dados primários. Os dados secundários devem ser buscados antes dos dados primários devido às seguintes vantagens: economia de tempo, dinheiro e esforço.
3. a, c, d
4. a
5. 2, 1, 2, 2, 2, 1, 1

Capítulo 3

1. Na observação estruturada, o pesquisador define claramente o problema de pesquisa, os comportamentos a serem observados e os métodos pelos quais eles serão avaliados ou medidos. A observação não estruturada envolve o monitoramento do pesquisador em todos os fenômenos relevantes, sem

especificar antecipadamente os detalhes, sendo utilizada em pesquisas nas quais o problema e os objetivos não estão claramente definidos e, por isso, há a necessidade de uma grande flexibilidade para analisar os comportamentos e as situações que estão sendo observados (Malhotra, 2011; Churchill Junior; Brown; Suter, 2011).

2. Há três tipos de teste de mercado: o teste padrão, em que o pesquisador escolhe os mercados de teste e o produto é vendido pelos canais regulares de distribuição; o teste controlado, em que o pesquisador paga aos varejistas por espaços nas prateleiras e, portanto, tem a possibiidade de garantir a distribuição do produto nas lojas que representam uma porcentagem predeterminada do volume total das vendas no varejo; e o teste simulado, em que o pesquisador recruta o participante apresentando-o ao novo produto ou conceito e dando-lhe a oportunidade de comprá-lo em uma loja real ou em um laboratório, e ainda solicita àqueles que compram uma avaliação do item e da intenção de voltar a comprá-lo.

3. b, c
4. c
5. a, c, d.

Capítulo 4

1. As escalas não comparativas são aquelas nas quais apenas um objetivo é avaliado por vez, pois não há nenhuma comparação com outro objeto ou algum ideal especificado. Por outro lado, nas escalas comparativas há a comparação direta de dois ou mais objetos.

2. O pesquisador deve atentar para as seguintes decisões que devem ser tomadas no momento de elaboração de uma escala: ao número de categorias utilizadas na escala, aos tipos de polos utilizados na escala, à força das âncoras, à rotulação das categorias e ao equilíbrio da escala.
3. a
4. c
5. c

Capítulo 5

1. I, III, II, IV
2. c
3. a
4. Moda é o valor ou categoria que ocorre com maior frequência. Por outro lado, a mediana é o valor do elemento que divide o grupo em dois subgrupos de igual tamanho, ou seja, é o valor do meio.
5. Inicialmente, o pesquisador deve elaborar os requisitos dos postos de trabalho para o projeto, levando em consideração o modo como os dados serão coletados; em seguida, ele deverá definir as características necessárias dos entrevistadores que farão a coleta de dados e recrutar os candidatos mais qualificados.

Capítulo 6

1. Na introdução, o pesquisador deve descrever o problema apresentando não só os resultados das discussões com os responsáveis pelas decisões e os especialistas do setor estudado, mas também os dados secundários, e, se necessário, fazer uma pesquisa qualitativa, cujos resultados deverão constar no relatório. Ademais, é preciso apresentar a questão de pesquisa, os

objetivos geral e específicos e as hipóteses, além de fornecer uma visão geral da organização.
2. As áreas que requerem atenção, do ponto de vista ético, no relacionamento pesquisador-cliente são: o abuso de posição, a pesquisa desnecessária, o pesquisador não qualificado, a revelação de identidade, os dados confidenciais e a apresentação enganosa.
3. a, d
4. a, b, c
5. a, b, d.

sobre a autora

Eliane Batista Mady é paranaense e nasceu em Curitiba. É especialista em Formação Pedagógica do Professor Universitário e em Marketing pela Pontifícia Universidade Católica do Paraná (PUCPR) e mestre em Administração de empresas, com ênfase em estratégia de marketing e comportamento do Consumidor, pela Universidade Federal do Paraná (UFPR). Tem experiência como docente e pesquisadora em projetos relacionados à estratégia de marketing e ao comportamento do consumidor.

Os papéis utilizados neste livro, certificados por instituições ambientais competentes, são recicláveis, provenientes de fontes renováveis e, portanto, um meio responsável e natural de informação e conhecimento.

FSC
www.fsc.org
MISTO
Papel produzido a partir de fontes responsáveis
FSC® C103535

Impressão: Reproset
Janeiro/2023